如
·来

延佛语录

延佛 著

国际文化出版公司

·北京·

图书在版编目（CIP）数据

如·来：延佛语录 / 延佛著. —北京：国际文化
出版公司，2013.12
ISBN 978-7-5125-0632-0

Ⅰ. ①如… Ⅱ. ①延… Ⅲ. ①佛教—人生哲学—通俗
读物 Ⅳ. ①B948—49

中国版本图书馆CIP数据核字（2013）第303051号

如·来：延佛语录

作　　者	延　佛	
责任编辑	李　璞　侯　琨	
策划编辑	姚青锋	
封面设计	易海军	
出版发行	国际文化出版公司	
经　　销	新华书店	
印　　刷	北京睿和名扬印刷有限公司	
开　　本	880毫米×1230毫米　32开	
	7印张	110千字
版　　次	2013年12月第1版	
	2013年12月第1次印刷	
书　　号	ISBN 978-7-5125-0632-9	
定　　价	32.00元	

国际文化出版公司
北京朝阳区东土城路乙9号　邮编：100013
总编室：（010）64271551　传真：（010）64271578
销售热线：（010）64271187
传真：（010）64271187—800
E-mail: icpc@95777.sina.net
http://www.sinoread.com

如来者，无所从来，亦无所去，故名如来。

——《金刚经》

序 言

嵩高维岳，骏极于天。

自古以来，位居中华大地中央的嵩山，不仅是"五岳之尊"，"万山之祖"，而且传说是神仙居住的地方。2013年7月，我怀着一份虔诚之心，从北京一路辗转，至嵩山诸峰拜谒高僧大德。在烟云缭绕，如诗如画，据嵩岳形势最佳的大法王寺，有幸与延佛师父结缘。我与师父一见如故，并随后得以陪侍左右，朝夕相处，耳濡目染，受益良多。

师父在僧俗两界的名望和影响，一直都是有口皆碑的，也是让人敬重和仰慕的。师父生性至孝，忠直刚毅。中年因公致残，后皈依佛门，参禅静修，研读经书。"天将降大任于斯人也，必先苦其心志，劳其筋骨，饿其体肤"。经十年磨练苦修，师父明心见性，彻悟佛门真谛。

佛法在世间，不离世间觉。师父出世入世，身体力行，农禅并举，恒转法轮，不仅呕心沥血，克服重重困难，修复重兴了嵩山大法王寺，而且还济贫扶孤，长年累月，孜孜不倦。师父还在国内首创四免道场，即：停车、进寺、住宿、用斋全部免费，充分体现了"庄严国土，利乐有情"的佛门宗旨。师父用自己的言行举止，感染和影响了一大批教内外人士，也为我们后辈做出了榜样。

禅宗讲"教外别传，不立文字，直指人心，见性成佛"。禅的精神是活泼的，人们在平常的日用之间也可以悟道成佛，这是中国佛教最大的特点。"竹影秋月有情，松窗梅影有意，汉书晋史有涵，禅悟妙有可蕴。"与师父朝夕相处，心灵感知，禅宗的自我返照，禅诗的超越谛视，禅语的灵性睿智，都给我以深深的启迪，亦让根器浅陋的我，心胸朗然，逐渐空明澄净起来。

我想，将师父的禅悟心语，慈悲善举，诉诸文字，并广为传播，令急躁、忙乱、忘形的现代人，在纷扰的红尘中，感受师父自在、慈悲的精神境界，感悟师父直接、直白的人生导引，不仅是我的意愿，亦将是广大读者诸君的福祉，也势必具有普遍的教育和启迪意义。

能将师父的相关故事、言论，编撰成册并出版发行，既是我的幸事，亦是我的难事。自7月至今，我与妙渡历时数月，北京、登封，经几番山寺辗转，方将相关图片收集齐全，后又经数月文字编撰整理，始得此册。在此期间，恒静、恒医、恒旺、恒奇、妙如、妙政、妙行、妙学、妙洋，以及孙会喜、赵学毅、宋溧泯、王小吾等众多师友亦给与全心的协助与支持，师兄师弟，上下齐心，团结共举，善莫大焉。

是以为序。

恒峰

2013年10月28日于北京

目　录

随　缘

世间万物皆幻象，一切随缘生而生，随缘灭而灭。若是有缘，时间、空间都不是距离。若是无缘，终是相聚也无法会意。『有缘即住无缘去，一任清风送白云。』这才是随缘人生的最高境界。

恰恰用心时，恰恰无心用，无心恰恰用，常用恰恰无。

佛教的根本原理是缘起论。诸法因缘生，佛教的教义正是从缘起论这个源泉流出来的。所谓"缘起"，就是互相依存，求同存异，用一个字表达，就是"和"。佛教的慈悲、智慧、平等，源自"和"。佛教文化里有以告人的信息，正是"和"。

"和"的精神，是一种承认，一种尊重，一种感恩，一种圆融。"和"的内涵，是人心和善，家庭和睦，社会和谐，世界和平。"和"的基础，是和而不同，互相包容，求同存异，共生共长。

随缘是自利利他的良方，一个人要是懂得"随缘不变，不变随缘"的道理，以"随缘"的性格做人，以"不变"的操守做事，就能够事事圆满，处处和谐。随缘它不是随波逐流，也不是随世沉浮，而是随顺当前的环境，当下的形势做适宜的事情。它不是随便行事，苟且偷安。

世间万物皆幻象，一切随缘生而生，随缘灭而灭。缘来固然可庆，缘散也无须哀怨。

人生要学会随缘。万事随缘，风轻云淡。若是有缘，时间、空间都不是距离。若是无缘，终是相聚也无法会意。凡事不必太在意，更不需去强求。在这个世界上，从来没有一帆风顺的事情。只有学会随缘，心无挂碍，我们才能活得更轻松，更自在。

苦乐随缘，得失随缘，"有缘即住无缘去，一任清风送白

所谓无上正等正觉者非他，
即是真如本性，
亦名自性清静心是也。

云。"佛讲随缘，我们听从佛的教诲，一切随缘。以"入世"的态度去耕耘，以"出世"的态度去收获，这就是随缘人生的最高境界。

"随缘"不是不作为，更不是听天由命。随缘不是放弃追求，而是让人以豁达的心态去面对生活；随缘是一种智慧，也是一种修养。它是"顺天安命，鼓盆而歌"，"不违天时，不夺物性。"

随缘不是跟随，而是顺其自然，不怨恨，不躁进，不过度，不强求；随缘也不是随便，而是把握机缘，不悲观，不刻板，不慌乱，不忘形。它是一份人情的练达，心态的洒脱，人性的成熟。万事随缘，随顺自然——这不仅是禅者的态度，更是我们应该追求的人生境界。

随缘是对现实正确、清醒的认识，是对人生彻悟之后的精神自由。随缘是智者的行为，愚者的借口。懂得随缘的人，总能在风云变幻、艰难坎坷中收放自如，游刃有余；随缘的人总能"一蓑烟雨任平生"，即便在逆境中，也能找寻到前行的方向，时刻保持坦然愉快的心情。

天行有道，不为尧存，不为桀亡。古人讲既来之，则安之。这跟佛家讲的随缘，凡事顺其自然是同一个道理。万物皆有其规律，我们无法强求。面对生活中的一切，我们要怀有一种释怀的心态。

众生由其不达一真法界，只认识一切法之相，故有分别执著之病。

顺其自然，不执著于一时的困境，也不迷惑于外在的物相，时时保持一份乐观，留守一份淡泊，闲看花开花败，云卷云舒，自在如是，又何尝不是一种幸福？

为了解脱而学佛修行，为了自己能修成佛果而学佛修行，这都不是大乘修行者。为了救度众生而学佛修行，这才是真正的大乘修行者。

修行就是天天改过，天天改习气，天天改毛病，天天法喜充满，体会佛法带来的愉悦、清静、安宁。修行首先要把欲望舍掉；没有欲望，就没有轮回，这一生当中就能心境一如，法喜充满。

佛教给我们要学佛修行。众生都有如来智慧德相——我们的智慧、德能、才艺跟诸佛如来没有两样。可是现在诸佛菩萨智慧、德能流露在外面，我们的智慧、德能到哪里去了呢？用现代话来讲就是已经被"污染"了。佛法在三千年前就教给我们要如何保护我们心地的清净。清净心起作用就是智慧，清净心起作用就是万德万能。

我们要学会善待生命，珍惜每一个对我们好的人，宽恕对我们不好的人，抓住我们想要的，放开不是我们的，守住我们唯一的，因为这一切都是缘分的安排。我们一切的所遇，皆系前缘所牵。

缘起惜缘，缘灭随缘。佛家讲缘分，那么缘分是什么？缘分

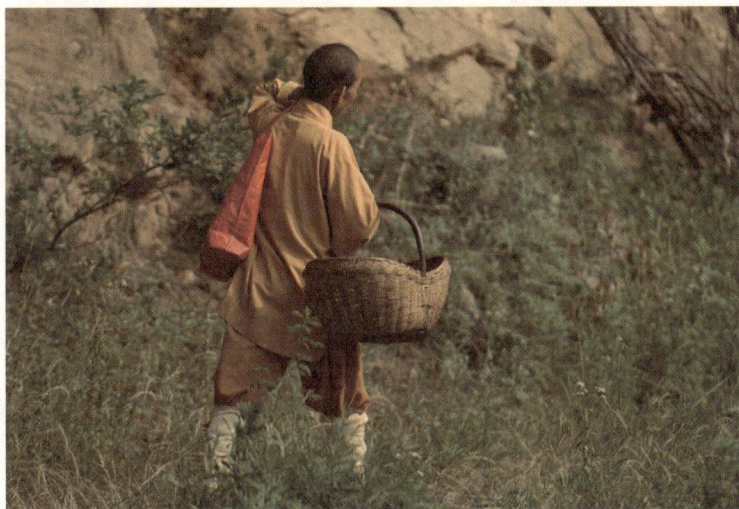

凡所有相皆是虚妄。虚妄者，言其是假非真，非谓绝对没有。

就是债务和恩惠的组合。"有缘千里来相会，无缘对面不相识"，"千里姻缘一线牵"。这个"一线"就是债务和恩惠组合的缘分引力。只要有缘，不管千里万里，山重水复，不论在千年界、万年界、极乐界，还是在动物层、阴间、冰冻层，此缘难断，必然要去了缘。是跑不掉的。

佛家说的随缘，不是得过且过，而是尽人事、听天命。

适宜的人生，其实就是拥有一颗平常心：要控制自己的欲望，做事不要做到底。就是得之我幸，失之我命。得之淡然，失之泰然，顺其自然，争其必然。

佛家说，因上努力，果上随缘。意思就是说，在我们可以把握的部分尽力而为，至于最终结果如何，就顺其自然而不是一味强求。倘若我们能做到这一点，就不会构成什么压力了。任何一件事的成败都是相对的，是可以转化的。如果因为某种暂时的得失给自己造成压力，不仅于事无补，还会因此带来更多的负面作用，是不可取的。

人的健康，主要在身心健全，而非勇武有力；人的长寿，主要指延续慧命（法身的智慧为生命），而非长命百岁。我们要避免无知和冲动，避开禁忌，克服弱点，这样我们的人生才会慢慢成熟起来。

有人常常埋怨命途多舛，上天不公。其实，我们的命运一半在天，一半在己。命途多舛，你变埋怨为感谢了么？天将降大任

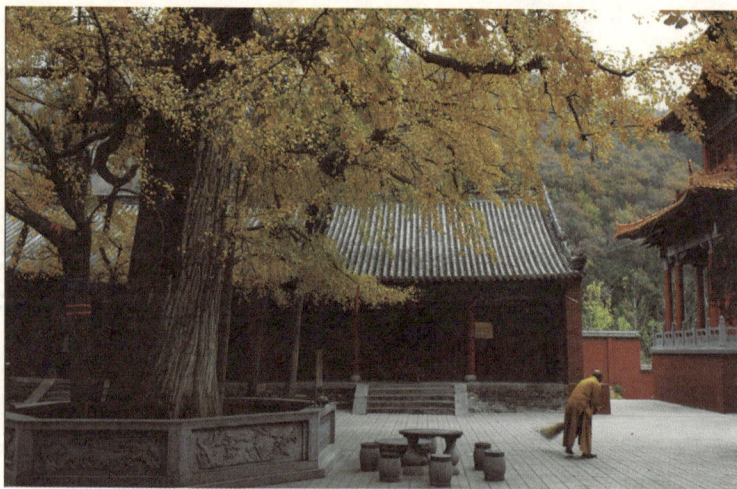

众生念念在虚妄之相上分别执著，故名曰妄念，言其逐于
妄相而起念也；或难知是假，任复念念不停，使虚妄相于
心纷扰，故名曰妄念，言其虚妄之相随念而起也。

于斯人也，必先苦其心志，劳其筋骨。幸运不是天上掉下的馅饼，而是你的不懈努力，最终得到了机遇的垂青。如果我们把抱怨的时间用于改进工作，把哀伤的精力用于改变自我，那么，佛光佛缘离我们也就不远了。

古人云，积善之家，必有余庆，积不善之家，必有余殃。这在佛法上讲，就是因果。欲知前世因，今生受者是。欲知后世果，今生作者是。所以佛劝导世人行善祛恶。行善，百祥如雨，润物无声；作恶，百殃入水，东冲西决。

古人云"天行健，君子以自强不息。"追求卓越，精益求精，这种精神固然不错。但在现实生活中，过分的追求，往往会差强人意。"知人者智，自知者明"，凡事要量力而行，知道自己有几斤几两，能吃几碗饭，能肩挑多重的担，能干多大的事儿。这才是明智的人生。

凡事必有因果。有的人做事一帆风顺，水到渠成；而有的人做事却艰难困苦，事倍功半。这种不同的际遇，有偶然，但是偶然中必定包含着必然，这个必然就是因果。一帆风顺的果必然有水到渠成的因，艰难困苦的果必然有事倍功半的因，关键在于我们是否发现。我们举心动念，是否有一个正确健康的信仰；我们做人做事，是否有一个善恶因果的标准。

佛经上讲，心净则国土净，心动则万象动。真正懂得自在的人，他懂得随遇而安；真正享受自在的人，他得失随缘。缘来，不会纠结，就像在那十字路口，不会纠结该东西南北何处

根身器界一切镜相，
皆是空花水月，
迷著计较，
徒增烦恼。

走。缘去，不会巴结，不为迁徙感到困扰。找到适合自己的人生道路，那就是随缘，这样不会太曲折，也不会太直通。

世上没有无缘无故的爱，也没有无缘无故的恨，没有无缘无故的来，也没有无缘无故的去。一切皆是缘，缘至相逢，缘尽散离。有人帮助我们，我们要心存感激，赶快接受，不要怀疑别人的良好动机；没有人帮我们，我们还要继续自己的事情，至于事情的成败，我们都要坦然接受。

慈　悲

一念之慈，万物皆善；一心之慈，万物皆庆。不管是修行，还是做人做事，我们都要学会慈悲，将慈悲运用到日常生活中，用慈悲真正体现对社会的关怀，用慈悲真正体现天人合一，体现和谐社会。

佛教的特质就是慈悲二字，你能大慈大悲，你就能成菩萨，你就能成佛。怎么样弘扬佛法，怎么做人做事？我们要以慈悲实现合法，以修慈实践合法。再好的理论不落实到行动上，都只是口头理论，都是光说不练的假把式。

不管是修行，还是做人做事，我们都要学会慈悲，将慈悲运用到日常生活中，用慈悲真正体现对社会的关怀，用慈悲真正体现天人合一，体现和谐社会。

社会人士了解佛法，都是从修慈上，或者是对社会的奉献上开始的。慈悲需得实践。人家是通过我们所行的慈悲，认识佛教，尊敬佛教的。我们要为社会身体力行，尽自己的责任和慈悲之心。

一切处无心者，即修菩提、解脱、涅盘、寂灭、禅定乃至六度，皆见性处。

四大菩萨名号前都有其代表意义的称呼，分别是大智文殊菩萨，大悲观音菩萨，大行普贤菩萨……因地藏菩萨愿力最大，所以我们称他为大愿地藏菩萨。地藏菩萨的大愿，概括起来就是"众生度尽，方证菩提；地狱未空，誓不成佛"。

如果我们没有慈悲心，就不容易对他人给予同情。我们要学救苦救难的精神，就要先受苦受难。

佛爱众生，不离众生，慈悲心怀是佛教和禅宗的一个最基本的出发点。不管是佛门弟子，还是普通信众，都要尽自己的能力来回报社会，感恩社会。不管是做人，做事，还是做生意，做企业，都一样应该具有慈悲心怀。

古人云，善欲人知，不是大善。一个人若时时刻刻都惦念着自己是在行善，也因此期许别人"回敬"，那么他的这种行善便是功利性的行善，必定不会长久，也必定不是发自真心。别人的夸奖，不过是过眼烟云，终会烟消云散。真正有菩萨心肠的人，他的行善，应是一种自然而然的行动。真正的行善，不会随世俗的诟病、误解、诋毁而中断，而是孜孜不倦，行善不止。

佛的心肠是慈悲的，宽容的。佛就是全心全意为人民服务的人，只要你具备了这种精神，一切众生都是佛。

仇恨永远不能化解仇恨，只有慈悲才能化解仇恨。对所有人宽容，哪怕他曾经伤害过你，这便是慈悲。

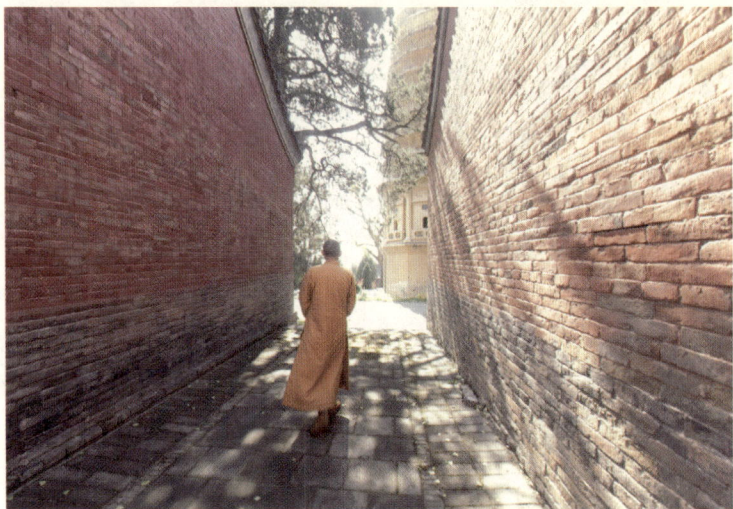

不以有行，亦不以无行。

帮助别人，其实很多时候，都是在帮助我们自己。一个心怀慈悲的人，无论他用什么方式去行善，都是值得我们尊重的。

生活中，有三件让人感到幸福的事情，那就是有人爱，有事做，有所期待。有人爱，不仅仅是被人爱，而且有主动爱别人爱世界的能力，也就是慈悲心；有事做，让每一天充实，事情没有大小，只有爱不爱做；有所期待，生活就有希望，人不怕卑微，就怕失去希望。

当我们说真话时，在生命中积集的就是真实的种子。而真实的种子是开发智慧的根本，如果说假话说多了，我们就会越来越虚伪。所以，不管出家在家，都要说真话，说有利于别人的话，如果是对他人无益的话则不必说。

如果我们每一天都努力、尽力做一些善事，那么明天就会得到今天的善果。我们这一生，都要随时、随地做该做的善举，那下一生就会得到这一生的善果。一个人做善事，幸福的不仅仅是个人，还有得到过善举的人，所以善良幸福的不仅仅是他一个人，还有所有其他人，这就是善的力量，善的传递。

一般而言，禅修是为了对治（除断）烦恼。我们任何人都可以根据自己的生活方式，通过禅修来提升自己的人生境界，逐渐减少烦恼的困扰和贪欲、嗔恚、愚痴的束缚；逐渐让心灵净化及得解脱自在，使自己向善、向觉悟解脱的方向前进。

一念之慈，万物皆善；一心之慈，万物皆庆。心怀慈悲，是度人也是度己。

若起精进心，是妄精进；
若能心不妄，精进无有涯。

佛教是一种教人积极向上，追求完满的思想和人格品德的精神动力，是驱散心智愚暗，点燃智慧明灯的火炬。学佛就是在学做人。学做一个好人，学做一个明白人。慈悲待人，智慧做事。学佛是对自己的良心交待，不是做给别人看的。

我们念佛时，所念的每一声佛号，就是在我们的生命里种下了善的种子；当我们诵经时，就是在我们的内心里种下了佛法的种子。所以只要我们平时不断地熏修我们的内心，菩提的种子，总有一天会开花结果。

佛家讲，"佛法大海，信为能入，智为能度。"就是说佛法要从诚敬中求，一份诚敬，便得一份感应。

诸行性相，悉皆无常。

简单地说，修行就是要修正我们不好的行为，养成良好的习惯。念佛是要培养我们的正念，使我们把握好自己的心念，把握好自己的现在和未来，而不是让那些五欲尘劳的烦恼来左右我们的身心，使我们的心始终保有清净的觉照，觉察妄念生灭，洞察令妄念无所遁形。学佛就是要从我们的一言一行做起，从生活的方方面面做起，就是在我们的行住坐卧中修行。

有人常来问我，什么叫佛心。佛心就是看一切人都是好人，一切事都是好事；什么叫佛性，佛性就是能把一切人变成好人，把一切事变成好事。我们讲的修佛心，悟佛性，其实就是这么简单——做好人、做好事。如果照着我说的做下去，那么你就是人间的活菩萨。

诸行是常，无有是处；汝但一切处无心，即无诸行，亦无无行。

疾苦在身，宜善摄心，不为外境所摇，中心亦不起念。

做一件有益于他人的事，会让我们远离忧虑，无比快乐。

爱的路上我们不恳求什么恩赐，我们所求的是修行。因为爱的路上，你会发现有沙漠，你需要修下温润如水的"善种"；你会发现丘壑，你需要修下完好无损的"善种"。走一步，爱的路上留下青山绿水，那这样的步伐才是最铿锵的步伐。

选择宽容的人，不要看他对谁都大量，仿佛懦弱，其实你错了，宽容的人内心才是最强大的。因为他知道宽容是美德，美德没有错，以德度恶才是最大的美德。选择善良的人，不要看他外表有时候对某些事某些人很软弱，其实你错了，善良的人内心才是最强大的。因为他知道恶不是人的本性，以善度恶才是最强大的力量。

善良的人，通常都有一颗慈悲之心。慈悲就像一支小小的蜡烛，不能忧天下之忧，不能暖千家万户之寒。但是可以借助这个微小的光，点燃我们内心的心灯，一颗心照亮另一颗心，千千万万颗心就是千千万万个灯，齐聚起来，必定会如日月之光璀璨夺目，普照人间，普照众生心间。

关怀是一种给人幸福的能力。爱是一种给人安全感的能力。觉知是一种认知世界和人的能力。慈悲是一种祛除万事万物痛苦的能力。

智者说，人生的悲剧往往在于看不透、舍不得、输不起、放不下。其实，命运从来不会亏欠谁。看透了，乌云之上就是一片蓝天；舍得了，心中加速去除了就是一片花海；输得起，风雨

我不入地狱，谁入地狱。

参须实参，见需实见，用须实用，证须实证，若纤毫不实即落虚也。

过后就是一道彩虹；放下了，黑夜过后就是一抹曙光。

俗话说，人生在世，要学会积德行善。积德，人生就少了作恶的机会，多了幸福的筹码；行善，生命就少了仇恨的基因，多了圆满的血脉。积德行善，合而为之就是慈悲之心、慈悲之行。有了慈悲，积德行善就有了根本；有了慈悲，积德行善就有了动力。有了慈悲，就会"老吾老以及人之老，幼吾幼以及人之幼"；有了慈悲，就会"想他人之所想，急他人之所急"。在慈悲的护佑下，众生必定会欢喜自在，身轻心安。

无　常

一切有为法，如梦幻泡影。如露亦如电。这个世界原本就是虚幻的，它既不属于你，也不属于我。万物皆为我所用，但非我所属。因此我们用不着抛弃，要抛弃的，只是我们的执着。

临终之际，若一毫凡圣情量未尽，
纤毫思虑未忘便乃轻重五阴去也。

一切有为法，如梦幻泡影。如露亦如电。世间上的一切都是虚幻的，稍纵即逝。没有什么东西是永恒不变的，人生也是这样。得失无常，再美好的东西，我们也无法拥有太久。再痛苦的东西也会离我们远去。我们要看破放下，随缘度日，不要去执着于一切虚无的东西。

花开花落，春去秋来，这是不可更改的自然规律。我们要学会调整自己的心态，及时适应外缘环境的变化。所谓到什么山上唱什么歌，就是要求我们心态平和，要根据不同场合，不同时期进行相应的变化。要求别人什么时候都一样看待我们，往往都是不切实际的一厢情愿。

我们不了解缘起性空，我们更没有证悟缘起空性，所以会有诸多的烦恼和痛苦。其实，缘来缘去，缘聚缘散，都是很正常的一种显现，当我们明白了这个道理之后，就没有必要再去执着，甚至生烦恼而伤害自己。

一切法都是空性的，一切法都是缘起，都是自自然然的。来了去了，聚了散了，生了灭了，好了坏了，善了恶了，都是很正常的，都是因缘和合而生，因缘和合而灭的。

世间最公道的事情就是人人都会变老，由满头黑发变得两鬓苍苍，管你是王公贵族，帝王将相，谁也别想逃脱这自然界的规律。自由面前人人平等，吃苦面前也是人人平等，只不过苦的方式，苦的程度不同而已。

忍苦捍劳，繁兴大用，
虽粗浅中皆为至实，惟贵心不易移，
一往直前履践将去，生死亦不奈我何。

人生如戏，戏如人生。我们既要学会随遇而安，也要学会难得糊涂。现实人生错综复杂，盘根错节。许多事情不能太认真，太较劲，不然会越搞越复杂，越搞越麻烦。只要不丧失原则和人格，装一点糊涂，受一点委屈，有时候也是值得的。如果我们学会用一颗宽容、感恩的心去感悟人生，我们就可以找到一种智慧，找到幸福和快乐。

这个世界原本就是虚幻的，它既不属于你，也不属于我。万物皆为我所用，但非我所属。因此我们用不着抛弃，要抛弃的，只是我们的执着。

世界为我所用，但非我所有。我们都是时间的过客而已。在人生的长河中，我们无所谓失去，那只不过是经历而已；也无所谓得到，只不过是感触而已。此前经历过的，即便再美好，也只是一种美好回忆。而此刻得到的体验，就该好好珍惜，然后在失去时，我们就能够坦然面对。

"人有悲欢离合，月有阴晴圆缺，此事古难全。"在人生道路上，我们会遇到许多难以预料的事，在这些事物面前，我们应当正面对待，多往好的一面想并为此而努力。尽管我们个人的力量很渺小，不能左右事物的发生发展，但我们可以用积极的心态来面对。因为谁拥有了乐观，谁就拥有了战胜困难的决心和勇气。

我们都是时间的过客。不管痛苦也好，欢乐也罢；不管成功也好，失败也罢。终有一天，我们都会和曾经拥有的一切告别。我们要坦然面对经历过的一切，平和对待得失荣辱，月缺月

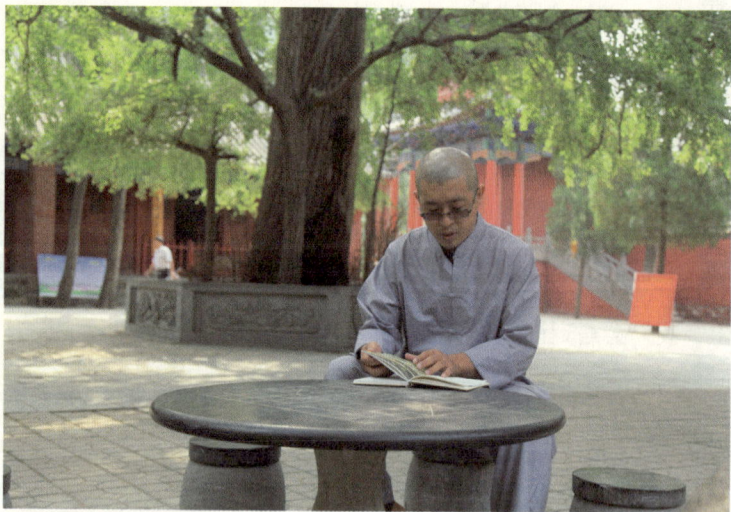

一方一净土，一笑一尘缘。
一念一清静，心是莲花开。

圆，云卷云舒，都是生命的风景，也是生命的本来。我们要学会感受那些微小但真实的满足，那么，我们就可以让自己每天都过得很快乐。

有些事情是天注定的。属于你的，终将是属于你的；不属于你的，你再追逐再不舍也注定是竹篮子打水一场空。所以请心平气和地对待自己的有无，珍惜上天的恩赐。做好自己该做的事情，而不是误入歧途，去苦苦追寻与自己无缘的人和事。

人生是一场幸福的旅行，遇见谁都是一个美丽的意外。缘是天意，份在人为。无论缘深缘浅，缘长缘短，得到即是造化，失去也是正常。人生苦短，譬如朝露。缘来不易，转瞬即逝，故我们都要学会好好珍惜，并用宽容与豁达去对待生命中的每一个人，每一件事，而不是用刻薄与计较，错失生命的美丽。

恶莫过于酒色财气之念；天天习定练功，定中念佛念咒，修行之纲戒定慧三学一体，缺一不可，戒是前提，定是手段，慧是目的。

在人生的道路上，我们要学会放下包袱，给心灵减负。只有我们放下心中的烦恼和焦躁，放下计较心和名利心，才能享受到人生真正的乐趣。生命如舟，不能承载太多，只有懂得放下自己的人，才能享受到生活的自在和从容。

有人忙忙碌碌一辈子，为了名利不择手段，争的头破血流，甚至身陷囹圄，到最后都不过是竹篮打水一场空，带着遗憾去往

一切众生皆自空寂，真心无始，本来自性清净。

另一个世界。广厦千间，夜眠八尺；良田万顷，日啖二升。一个人只有放下贪欲，不做名利的奴隶，才能活得轻松和快乐。

俗话说，心迷万事迷，心悟万事悟。如果我们做人做事用心了，那么很多事情你就不再烦心，也不需要操心了。当我们的心迷于某一人某一物时，心迷则心苦；当我们的心悟懂了一人一物时，心悟则醒悟。

花谢芳不败，心静人自在。平和的心态，平淡的活法，才能滋养出从容优雅的人生。智者说，人生的风景，说到最后其实是心灵的风景。一个人心若急了，心烦意乱，那么沿途的风光，在他心底就不可能有什么美好的韵致。任何时候，环境可以乱，但我们的心一定不能乱。

人生一世，犹如草木一秋。所谓人间富贵，都不过是过眼云烟，转瞬即逝。宠也自然，辱也自在。宠辱得失，往往只是一纸之隔，一夜之差。所以得意之时，不要太过张狂，失意之时，切莫妄自菲薄。

学佛，就是以智慧和慈悲给别人带去欢喜、带去信心、带去利益。当我们帮助别人时，要知道对方需要什么，要根据对方的实际情况去帮助他，而不是想当然地将自己认为好的东西强加于他。

生活当中，我们做的很多事情看起来似乎和修行无关。但如果我们运用佛法的智慧，以佛法的观念来指导我们的言行，那么我们的行住坐卧，一样都是修行。健康的、正命的生活，本身

真如佛性，非是凡形，
烦恼尘垢，本来无相，
岂可将质碍水洗无为身。

就是一种非常好的修行。

凡所有相，皆是虚妄，一切法皆平等一如。一个发心行菩萨道的人，要摒除分别心，像大地一样，对万物一视同仁；如果心胸狭隘，无法容忍，则势必没有办法培养出真正的慈悲心。"有容德乃大，有忍乃有济。"待人处事以忍让为最可贵，今日退一步就是日后进一步的本钱。

生活如水，人生似茶。再好的茶放到水中一泡，时间久了，也就淡了。人生亦是如此。随着岁月的流逝，我们的日子也就变得越来越淡。淡然是一种优美，一种心态，更是人生的一种成长。淡然是越过千山万水宁静致远的神情，淡然是轻风徐来乐陶陶的怡然神态，淡然是润物细无声的温婉情怀。

太阳出来是给我们温暖，月亮出来是给我们凉爽。有的人来到我们身边，是告诉我们什么是真情；有的人来到我们的身边，是告诉我们什么是假意；无论我们喜欢与否，都要坦然接受。因为这一切都是生命赐予我们的礼物。它会使我们变得越来越成熟，越来越深刻。

月有阴晴圆缺，人有悲欢离合。不是所有的失去，都意味着缺憾；也不是所有的得到，都意味着圆满。成功往往由无数的失败奠基而成，失败也总是成功的前奏和序曲。所谓万事如意，往往也只是人们美好的祝愿。我们只有时时刻刻保持自己内心的平衡，不以物喜，不以己悲，才能在人生的旅途中把握自己，超越自我。

南去北来休便休，白草吹尽楚江秋。道人不是悲秋客，一任晚山相对愁。

精　进

天行健君子以自强不息。实现人生的梦想，就要自强不息。君子不可以不弘毅。弘毅是一种坚韧不拔的精神，永葆激情不息，持久奋斗，笃实不悔。任何梦想，都需要脚踏实地地去实现。

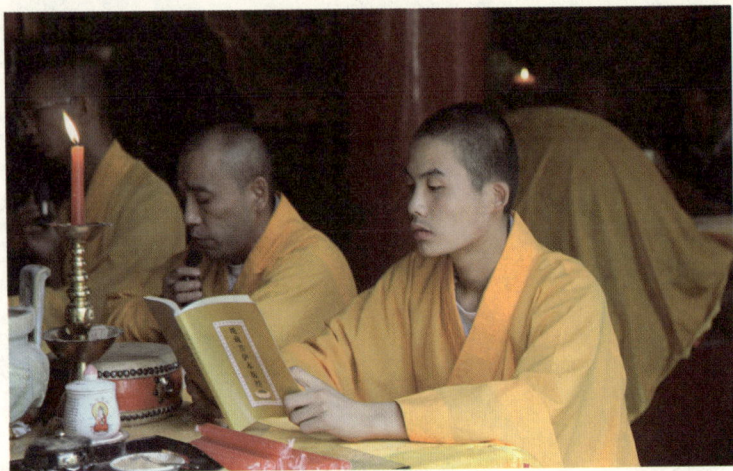

道贵无心，
禅绝名理忘怀泯绝，
乃可趣向回光内烛，
脱体通透。

白驹过隙，时光如梭。千万不要想着来日方长，什么事情都放到明天再去做。世上最愚不可及的事，莫过于胸有大志，却又虚掷时光。一个人的生命是有限的，倏忽即逝。我们现在过的每一天，都是我们余生中最年轻的一天，把握不好当下，就不可能有好的未来。我们的每一个梦想，都是从今天开始的，抓住当下，当做则做，立马行动，这才是我们应该持有的人生态度。

天行健君子以自强不息。实现人生的梦想，就要自强不息。君子不可以不弘毅。弘毅是一种坚韧不拔的精神，永葆激情不息，持久奋斗，笃实不悔。任何梦想，都需要脚踏实地地去实现。

每个人都要有自己的梦想，有了梦想就有了人生前进的方向与动力。要记住，没有哪一件事，是不动手就可以实现的。为了实现梦想，我们需要从今天开始，从现在开始，从日常的每一件小事做起。只要脚踏实地走好每一步，并持久努力和奋斗，就一定能实现人生梦想。

人生不是一帆风顺的，很多时候我们都要学会忍耐。忍耐并不是怯弱退缩，而是在积蓄力量，在等待机会。一分耕耘一份收获，一分忍耐一份收益。尽管忍耐的过程是痛苦的，但它最终会给我们带来机会。一个人的成熟度，在很大程度上，也表现为他的忍耐程度。

能善分别诸法相，于第一义而不动。

凡事要尽力而为，也要量力而行，不可贪多求全。就像我们僧人挑水，并不在于挑很多的水，而在于挑得够用。一味贪多，会适得其反。一般来说，我们做事情，目标不要定得太高，越低越好，因为低的目标容易实现，人的勇气不容易受到挫伤，相反会培养起更大的兴趣和热情。长此以往，循序渐进，自然会挑得更多、挑得更稳。

人要学会换位思考。有的人抱怨自己忙死了；有的人却说自己闲得无聊。其实，忙碌有忙碌的好处，可以无暇于烦恼和琐事；清闲有清闲的好处，可以留点时间做自己喜欢的事。一个人只有心平气和，顺其自然，凡事多往好的方面想，就能产生积极的心态。

佛身者即法身也，从无量功德智慧生，从戒定慧解脱知见生。

古今成大事者，都有一种能够坚守宁静的心境和品质。宁静可以沉淀浮躁，过滤烦恼；可以摒弃杂念，排除干扰；可以陶冶心灵，涵养德性；可以明辨是非，看清方向。安之若素，沉稳从容，宁静能让人远离尘嚣和喧闹，不受世俗所羁绊，不为名利而踯躅，使灵魂如天上白云，无拘无束，自由驰骋。

忍耐是一种理智，一种成熟，更是一种人生境界。"忍得淡泊养精神，忍得勤劳可余积，忍得语言免事非，忍得争斗消仇冤。"忍耐并非软弱，乃是一种大度；忍耐并非投降，乃是一种胜利。学会忍耐，我们会少一些浮躁，多一些思考；学会忍耐，我们就会少一些抱怨计较，多一些平和达观。

人的一生，会面临无数的诱惑，只有耐得住寂寞的人，才会有所建树，有所收获。那些成功的人，往往都曾经历过这样一段寂寞无助，甚至暗无天日的过程。有人把它称之为黎明前的黑暗。只要捱过去这段时光，那么，我们离成功就不会太远了。

忍耐是人的一种意志，反映出来的是人的修养。一个有修养的人，必定具备忍耐的意志和品质。忍耐不是弱者的音符，它是强者的形象。忍耐，是一个人对理想、目标追求的具体表现。忍耐，需要的是耐得住寂寞，能够抵抗各种诱惑，对理想信念永远不动摇。忍耐是成功的基石和前奏。

无论何时，都不要在心底对别人有所依赖，更不必时时刻刻在意别人的眼光。这世间的一草一木，一山一水，每一个事物，都有其存在的价值和意义。我们要学会独立和坚强，掌握应对

起见生心，分别执著便有情尘烦恼、扰攘，若以利根
勇猛身心直下，修到一念不生之处，即是本来面目。

外缘变化的能力，永远比在乎别人，依赖别人更重要。

俗话说，靠人人会老，靠山山会倒。不论何时何地，我们能够依靠的，都是自己。亲戚朋友可能会给我们带来关心和帮助，但不可能会永久。

人生的道路，需要我们自己去走。别人也许能帮我们一时，但不可能帮我们一世。一个人只有学会独立，不断努力，他的人生才算完整。

忍耐是一种品质，一种精神。大凡成大事者，必能忍得一时之辱，容得一时之痛。不论是谁，在人生中总难免身陷逆境。当一时无力扭转面临的逆势时，最好的选择就是暂时忍耐，事情

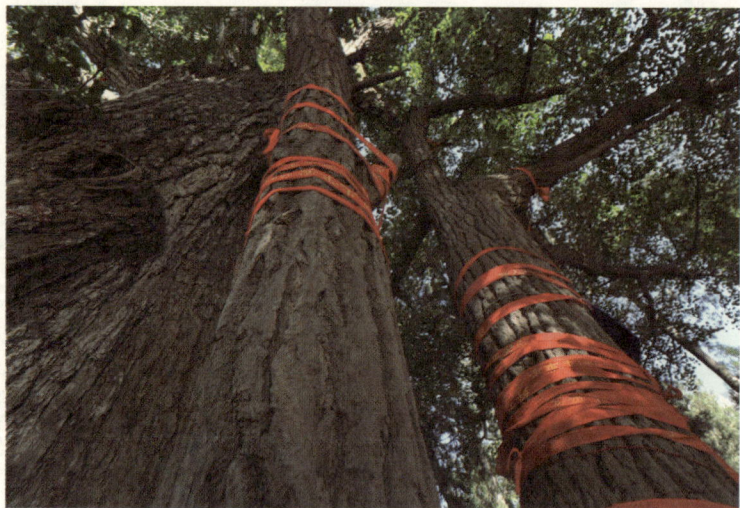

见无所见即名正见。

总是在不断地变化的。忍一时风平浪静，退一步海阔天空。学会在忍耐中等待命运转折的时机。

种瓜得瓜，种豆得豆。我们种下什么种子，就会收获什么，但如果不去播种，就永远不会有收获。一分耕耘，才能有一分收获。我们只有脚踏实地地付出努力，才能过上幸福美满的生活。

茶叶要经过沸水的反复冲泡，才能泡出清香怡人的茶水。人生亦如茶，只有经历风雨的考验，才能变得丰富多彩。阳光总在风雨后，没有经历风雨的人生，如同一张白纸，是毫无价值和意义的。

我们每个人的人生都是由自己决定的。做个积极主动的人，还是做个消极被动的人，全由我们自己来决定。用生命积极地去创造一切，我们的人生才活得有价值。

俗话说，从哪里跌倒就从哪里爬起。在人生的道路上，我们跌倒了就要自己爬起来。不要等着别人来拉我们，我们先要自己站起来。不要为失败找寻任何借口，我们应该立刻行动起来。很多时候，我们是完全能够依靠自己站起来的，只是我们没有去实践而已。

这个世界上，永远没有一蹴而就的事情，凡事都要量力而行，千万不可好高骛远。好高骛远，想一蹴而就，不但违反自然规律，而且寸步难行，只会使自己失望，加深挫折感，不仅达不

众生身中有金刚佛，犹如日轮，体明圆满，广大无边。
只为五阴重云覆，如瓶内灯光，不能显现。

到目的，而且还将收到相反的效果。

天生我材必有用。每一个人来到世间，都有其存在的价值。也许有时候我们会感到生活的压力，工作的不顺，常常心烦意乱，觉得自己什么都不是。其实，人来到这个世界上都是不完美的，需要我们后天的努力，后天的修行，慢慢发挥我们的天赋。任何时候我们都不要悲观，要记住能够呼吸就是幸福，只要活着就有希望。

一个有修养的人，必定具备忍耐的意志和品质。一个人的成功，很多时候来自于忍耐，因为人生犹如潮水一般，有潮涨的时候，也有潮落的时候。在潮涨的时候我们要戒骄戒躁，不要得意忘形；在潮落的时候我们要充满自信，坚定如一。只要坚持度过了低潮，成功就会接踵而至。

俗话说，人生不是一条直线，人生的路自然也不可能永远顺利。有顺的时候，也会有遇到厄运的时候，但无论是顺境还是厄运，对我们来说，都是一场考验。顺境要当心，搞不好顺境也会变厄运。而遇到厄运时，只要自己善于应变，我们也会由厄运变好运。一切全在于我们自己的把握。

忍耐是人的一种意志，忍耐是人的一种品质。它不是弱者的音符，它是强者的形象。当我们身处逆境的时候，更要学会忍耐，要相信乌云总是遮不住太阳的，是金子放在任何地方都会放光。忍耐，是一个人对理想、目标追求的具体表现。

没有人能够随随便便成功。在人生的道路上，往往不会一帆风顺。很多时候，我们都要面临困厄，失败。当身处逆境的时候，我们要学会忍耐，忍耐是对理想信念的永不动摇，忍耐总与成功相伴。因为忍耐会带给我们力量，忍耐会带给我们机会，当我们收回拳头的时候，不是因为我们放弃了搏击，而是我们在积蓄力量——因为只有收回的拳头打出去才能更有力。所以古人云，忍人所不能忍，方能成人之所不能成。

山上庙里有尊雕刻精美的佛像，前来拜佛的人络绎不绝。铺在山路上的石阶开始抱怨："大家同是石头，凭什么我被人蹬来踩去，你却被人供在殿堂？"佛像笑了笑："当年，您只挨六刀，做了一方石阶，而我经历了千刀万凿之后，才有了现在的形状！"我们今天的坎坷，都是为自己的未来塑造着形象。

俗话说的好，不想吃苦老是觉得在吃苦，不愿吃亏总是觉得在吃亏。怕苦的人将苦一辈子，不怕苦的人只苦一阵子。

每个人都会遭受委屈。越是成功的人，他所遭受的委屈也就越多。要使自己的生命拥有价值，我们就不能太在乎委屈，不能让它们左右我们的情绪，干扰我们的生活。学会一笑置之，超然待之，懂得隐忍，懂得原谅，这样我们就能在宽容中逐渐壮大。

当别人怨恨我们的时候，忍一忍，多从自己身上找原因，找出自己身上的缺陷和不足，找出解决问题的根本之道。当我们怨恨别人的时候，更应该忍一忍，千万不要让一点点的小怨恨无边放大，小不忍则乱大谋，退一步便是海阔天空。

尔勿崇饮，狂药非佳味，能使谨厚性，化作凶顽童。

俗话说，"光脚的不怕穿鞋的"，丢弃不属于你、甚至拖累你的东西，放下劳心的累赘，背上精华，放空心灵，轻松上阵。人生路上，走自己的路怕谁说，怕谁抢？

一花一世界，一叶一如来。我们每个人都是一朵花，每朵花都有自己的世界。我们的世界可以很大，也可以很小；不论世界大小，打开自己的心扉，认识真正的自我，这才是最重要的。

不管任何时候，我们都要相信自己。老天菩萨不会救我们，真正救助我们的还是我们自己。因为我们每个人的命运，都是掌握在我们自己手里的。在困难和机遇面前，关键就是看我们是否做好了充分的准备，只有相信自己，把握好时机，才能活出真实的自我。

世人言忍，忍字最难，
非大智慧，断然不能。

般　若

一花一世界，一叶一菩提。人生的悲欢离合，酸甜苦辣，都是我们的心造成的。心若清净，则无处不净土。人在红尘之中，凡事都要以善为本，有所为，有所不为。只有宁静平和的心态，才能给我们带来幸福祥和之光。

维护祖国统一是每一个炎黄子孙的神圣职责，也是每一个宗教界人士的神圣职责。宗教的命运与祖国的命运紧紧相连，息息相关，荣辱与共，不可分割。

佛不是神仙，佛在人间，是人间的正觉者。《阿含经·增含见品》中说"诸佛世尊，皆出人间，非由天而得也。"在人间修炼而得道的即为神，在人间修行而彻悟的即为佛。

宗教的命运与祖国的命运血肉相连，宗教的兴衰荣辱与国家的兴衰荣辱不可分割，如果国家衰亡了，那么宗教也将随之衰亡。唯有爱国爱教，才能不迷失自我，才能国兴教兴，教兴国昌。

终日不见己过，
便绝圣贤之路。
终日谈人过，
便伤天地之和。

文明不应相互蔑视、彼此践踏，而应互相尊重、彼此欣赏。文明不应区分优劣、而应互相平等、和合共生。文明不要以大欺小，弱肉强食，而应有容乃大、海纳百川。文明不是孤芳自赏，一花独放，而应互补共荣、百花齐放。

古人讲做什么事情，都要讲究天时、地利、人和。其实也就是说世间众生要从"顺"字做起，顺天意风调雨顺，顺地理五谷丰登，顺人心国泰民安，顺师教德才兼备，顺父母孝子贤孙。

禅是"禅那"的简称，梵语的音译。空灵天籁是禅，清新淡雅是禅，行云流水也是禅。智洪禅师讲："风送水声来枕畔，月移山影到窗前。"总之，禅就是一切事物的真、善、美。

无妄想时，一心是一佛国；有妄想时，一心是一地狱。

心中有禅，处处莲花开。虚空法界的一切众生，不分族类，不分宗教信仰，不分国土，十方无量无边诸佛刹土，众神的世界，都能"和睦相处，平等对待"。

我们这个世界，需要生起一团"和"气，吹来一股"和"风。佛教文化经过两千年已经融入中国文化，其中蕴涵着"一团和气"，氤氲着一股"和风"。

"和"的佳境，是各美其美，美人之美，美美与共，天下和美。人称"紫气东来"，今有"和"气东来；人叹"文明冲突"，今有"和"风西送。

一个不热爱自己祖国的佛教徒，不是一个真正虔诚的佛家弟子，他的生命和智慧将黯然而短暂，如水之浮萍，秋之枯叶，终将雨打风吹去。

宁静致远，淡泊明志。浮躁会使人性失去根基，使原本清澈纯洁的心灵受到污染，最终导致精神的贫困。只有淡定，才能让我们在浮躁的社会里坚守原则，在物欲横流的社会里，保持内心的从容与淡定，让心灵回归清纯。世界越是浮躁，我们的内心就越应该淡定从容。

作为一个佛教徒，受持戒律，主要是帮助我们克服贪嗔痴的烦恼习气，帮助我们制止不善的行为，保护我们不受伤害。

若悟真心本空，
万法自然消殒。

清醒做事，糊涂做人。这个世界上很多人事变迁，都是我们做不了主的，我们无法左右，只能随缘处之。我们要想活得快乐，就要知道世界本无完美，在坚守人生原则的基础上，不必什么事情都看得清清楚楚，什么事情都要斤斤计较。如果凡事都太认真，必定会活得很痛苦。

人生至境，只在平和。不执着某一事，不以物喜，不以己悲。凡事都会有好的一面，也有坏的一面。满怀感恩的心，真诚地对待每一件事和每一位朋友。要乐于奉献和帮助别人，给自己一个合理的目标和追求。常和家人谈谈心，和朋友聊聊天，要知道生活的真谛就是来自于平淡，恬静。

一花一世界，一叶一菩提。人生的悲欢离合，酸甜苦辣，都是我们的心造成的。心若清净，则无处不净土。人在红尘之中，凡事都要以善为本，有所为，有所不为。只有宁静平和的心态，才能给我们带来幸福祥和之光。

世上的事，往往并不一定要争个你死我活，谁高谁低。因为人生如棋，制胜之道不在于几个棋子的得失，而在于占势。所以人生也要学会让步，让步是一种智慧，是一种宽容，是一种胸怀，是一种高尚，是一种修养。不贪一时一地之微利，不在细枝末叶上纠缠，需要让步即让步，才是制胜之道。

退一步海阔天空，让三分心平气和。做人要学会让步，我们工作和生活中，常常要向领导让步，向同事让步，向下级让步，

菩提本无树，
明镜亦非台，
原本无一物，
何处染尘埃。

向父母让步，向孩子让步，向妻子让步，向对手让步……让步
并不代表你软弱，更不代表你失败。相反，让步会彰显你的宽
容，你的胸襟，让步会让你赢得和谐。这比争一时之气，逞一
时之能，是更大的胜利。

人生的许多烦恼，皆因遇事不肯退一步。其实很多事情，如果
不涉及原则，不妨忍一忍，让一让，没有翻不过的山，没有越
不过的河。争执双方各让一步，就会减少多少无辜的生命流
血，就会融化心灵的冰霜，化干戈为玉帛。退一步，是心灵的
一种释然，也是一种人生大智慧。

常言道：上善若水。做人应如水，水滋润万物，但从不与万物
争高下，这样的品格才最接近道。水乃万物之源，可它却始终

保持一种平常心态，不仅不张扬，反而"和其光，同其尘"，哪儿低往哪儿流，哪里洼在哪里聚，甚至愈深邃愈安静。此等宁静和达观，是我们需要努力学习和修为的。

水至清则无鱼，人至察则无徒。做人不能太过精明，做事不能太过认真，任何事情，都要适宜。

做人需要精明，但不能太过精明，太过精明，处处不会让人，时时都要抢先。做事需要认真，但不能太过认真，太过认真，样样不能容人，事事不能包容。为人处事，要做到适度为好。

嗔是心中火，能烧功德林。善嗔之人，时时地狱。痛恨别人的人，往往自己更痛苦。欲行菩萨道，忍辱是真心。我们要学会

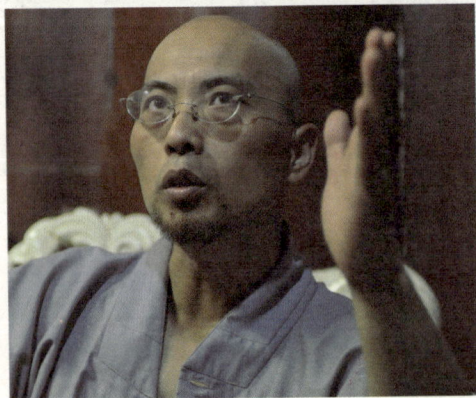

凡所有相，皆是虚妄、一切有为法，
如梦幻泡影。

用一颗包容的心，去真诚地面对别人和生活。若无"是非"挂心头，便是人生好时节。

古人说的好，红尘白浪两茫茫，忍辱柔和是妙方；到处随缘延岁月，终身安分度时光。休将自己心田昧，莫把他人过失扬；谨慎应酬无懊恼，耐烦做事好商量。从来硬弩弦先断，每见钢刀口易伤；惹祸只因闲口舌，招愆多为狠心肠。是非不必争人我，彼此何须论短长；世事由来多缺陷，幻躯焉得免无常。吃些亏处原无碍，退让三分也不妨；春日才看杨柳绿，富贵还同九月霜。

人生在世，折磨我们的不一定是贫穷，而可能是各种各样的贪欲。一个人若是沉湎于物质的追求，就会产生对财富、名誉的贪欲。这种贪欲会带来无尽烦恼，甚至是灾难。所以，不要以为钱越多越好，官爵越高越好。吃饱穿暖，在基本的物质保障基础上，追求精神的富足和圆满，才更有价值。

在我们人生的道路上，要多一份宽容，多一份理解，生活就会越过越温暖，越过越顺坦。猜疑计较、不仅于事无补，而且还会将人的情绪引向极端，甚至做出傻事错事。生活，很多时候，其实就是一种互相体谅，互相理解。

人们总喜欢用海阔天空来形容一个人的心怀和胸襟。海阔，那是因为它处于最低处，而能海纳百川；天高，那是因为它处于最高处，却空灵之至。比海更阔、比天更空的是我们的心灵。心空，才能放弃烦恼，才能淡泊名利，才能超然物外。闲看庭

一花一世界，一叶一如来。

前花开花落，静观天际云卷云舒。只有无尘的心，才能一路踏歌，一路微笑，一路海阔天空。

凡事不要太过绝对，为人处事也一样，要学会给他人留下余地。退一步海阔天空，让三分风轻云淡。张口即佛，人人都是菩萨；与人为善，天天都是好日子。不冒进，不颓废，不强求，也不松懈，荣辱不惊，得失坦然。这样，就能够活得自在、洒脱。

吃饭本身也是一种很好的修行，蕴涵着很深的智慧。因为我们的身体是缘起的，需要依靠物质条件才能得以维持，所以我们要吃饭，但还要注意相应的营养，营养不必太多，但也不要不够。暴饮暴食固然不对，忍饥挨饿地自苦其身，同样是不足取

色即是空，空即是色。

苦海无边，回头是岸。
放下屠刀，立地成佛。

的。"饥来吃饭，困来即眠"，这才是智慧、健康、纯净的生活。

俗话说，凡事要留有余地，要"在事情离开你之前先离开事情"。聪明的人，会在掌声和鲜花中谢幕，给自己和别人留下美好的记忆。愚蠢的人，不懂得见好就收的道理，总是在讥笑和愤怒中迫退，故会受尽耻辱和烦恼。

日常生活中，饮食要简单。如果菜太多、太复杂，会使我们的味觉被麻醉，分辨不出各自的原味，远不如清清淡淡的两三样更为适宜。我们要以平常心来吃饭，不能把吃饭这件简单的事情搞得复杂化。

信任是人生宝贵的财富。人与人最远的距离，不是远隔千山万水，而是心与心的距离。人与人最近的距离，不是同在一个屋檐下，而是心与心的交流。信任这把双刃剑，我们要学会好好使用。使用不当，就会既伤人又伤己。

俗话说，打人不能打脸，伤人不能伤心，身上的伤易治，心上的痛难医。我们要学会控制自己的情绪，这样，我们的人生之路才会走的更顺坦。人生的过程中，我们难免意见相左，不论意见多么不同，切记不要伤人。一旦心灵受到伤害，想要愈合，常常是非常困难的。

在人生的道路上，没有人能够一帆风顺。酸甜苦辣，才构成我们生活丰富五彩的内容。所以我们不必去强求什么，要学会以坦然的姿态面对人生道路上的一切，宠辱不惊，去留无意。在平淡从容中，悟出人生的真谛。

人生要学会放弃。放弃是一种智慧的显现，更是一种心灵的觉醒。我们只有放得下，才能走得远。有所放弃，才会有所收获。没有果断的放弃，就不会有辉煌的收获。

学佛、修行是一种非常平实的生活，是一种健康的生活，是一种智慧的生活。它和世俗生活并不对立。要认识到不必去寺院，我们随时随地都可以修行。

安　心

修禅首需静心，所以修禅又称禅静。禅就是不被一切环境一切障碍束缚。心中如如不动的一种境界。所以真正有心修行，生活中处处都是禅。不管遇到什么事情，都不会起任何妄想，执着。心地清净自在，即是禅。

修禅首需静心，所以修禅又称禅静。禅就是不被一切环境一切障碍束缚。心中如如不动的一种境界。所以真正有心修行，生活中处处都是禅。不管遇到什么事情，都不会起任何妄想，执着。心地清净自在，即是禅。

"苦海无边，回头是岸。"千万不要小看这八个字，这八个字是对付"八苦"的灵丹妙药，百试不爽，永不失效。佛教三藏十二部三千佛典，说来说去，无非还是要人们领悟到"苦海无边，回头是岸"的道理。

不管我们诵经也好，念佛也好，主要都是为了改善并净化我们的身、口、意三业。所有从贪、嗔、痴出发的行为，都会形成不善的业力。凡夫的起心动念都在造业。当我们产生一念贪心时，内心贪的力量就增强了一分；当我们产生一念嗔心时，内心嗔恨的力量又增强了一分；当我们起一念我慢心、嫉妒心的时候，内心中轻慢的力量、嫉妒的力量也在随之增强。

我们往往有一种错误的观点，总以为得不到的东西，才是美好的；看不到的风景，才是最美的。殊不知，那是因为我们对事物了解的太少，被事物的表面现象所迷惑。当有一天我们深入了解后就会发现，原来，凡事都没有我们想象中美好。

善待自己，从心开始。凡事你越往好处想，心就越开，越往坏处想，心就越窄。一片落叶，是衰败的迹象，还是重生的征兆，取决于心的方向。只有用真心，用爱心去面对生活，我们的人生才会变得越来越精彩。

此中有真意，欲辩已忘言。

如果我们不能改变环境，那就试着改变自己。要微笑着面对生活，即便在黑暗中，我们也依然能够看到希望的曙光。无论任何时候，都要牢记，这个世界上没有走不通的路，只有想不通的人。

在生活中修行，静心是根本。收视返听，返身观照自我才能自悟悟他；依戒止心，依戒止贪嗔痴疑慢，即是防微杜渐。

凡事要一分为二地看。挫折并不一定是灾难，可能更是一种考验。挫折和困难，不仅磨砺了我们的人生，而且也为我们日后更为激烈的竞争准备了丰富的经验。不经历风雨，怎么能见彩虹。人生亦是如此，挫折让我们成熟，也让我们坚强。也因为有了挫折，我们的人生之路，才变得丰富多彩。

人活一世，求的就是个心安理得。我们没有必要处处计较，事事计较。心若计较了，处处都是怨言烦恼；心若放宽了，时时都是阳光春天。心态放正，凡事随缘，我们就会少了很多烦恼，不自觉间便收获了幸福和快乐。

山不在高，有仙则名；水不在深，有龙则灵。人生在世，不是什么事都要去争，什么事都要去抢才有价值和意义。心胸宽一点，姿态低一点，欲望少一点，多修炼自己的内心，少去攀比和计较，那么我们就能生活得更自在，更快乐。

决定我们人生高度的，不是我们的才能，而是我们的态度。

应云何住，云何降伏其心。

人无远虑，必有近忧。做人做事，我们要看得长远一些。看得长远，我们做事就会少走弯路，少犯错误。目光长远，既是目标，也是过程，更是一种境界和圆满。

做事先做人。心不正，其行必不端。不端的行为与用心，只能吸引同样心术不正的人。心术不正的人，最终带给我们的，不可能是正面的效应。所以，做人比做事更重要。一个人要是做不好人，就必定做不成事，更不必说做大事了。

世界上的诱惑太多，功过是非、荣辱得失，都会影响到我们的心态和情绪。做一个豁达的人，就需要有足够的心胸、清醒的心智，淡泊自如的态度。一个人要是凡事太在意，那么乐趣就会少；凡事都看得淡，那么一切都释然。不以物喜，不以己悲，这才是圆融自在的人生。

心善，自然美丽；心直，自然诚挚；心慈，自然柔和；心净，自然庄严。我们做人就要静水流深，张弛有度，谦卑自信；做事应当不急不躁，厚积薄发，不急功近利。时刻保持一种良好心态，再平凡的生命，也会焕发出夺目光彩。

常言道，心态决定命运，心态决定成败。我们要保持一个良好的心态，以乐观积极的心态处世，才能在困难面前树立信心，才能没有恐惧，并最终走向成功。乐观不等于自我满足，安于现状；也不同于高傲自大，不思进取。它是满怀希望和危机意识的统一。乐观的本质是正视现实，采取对策，从而走出困境。

大悲无泪，大悟无言，大笑无声。

我们要做自己情绪的主人，凡事尽量往好的方面想。当我们遇到棘手的事情时，一定要先控制好情绪，让自己能够冷静思考。你越往好的方面想，心就越开，事情就越易解决；越往坏的方面想，心就越窄，事情就越难处理。有些人遇到一些难以解决的事情时，就开始抱怨，结果因为把握不好情绪，往往将简单的事情复杂化，事情越办越糟，甚至酿成大错。

心若改变，我们的态度也会跟着改变；态度改变，我们的习惯也跟着改变；习惯改变，我们的性格也跟着改变；性格改变，我们的人生就跟着改变。所以，凡事从"心"开始，心静则一切都静，心乱则一切都乱，心好则一切都好。

心态决定一切。一个人有什么样的心态，就有什么样的人生。一个健康的心态，远比一百种智慧更有力量。拥有乐观心态的人，往往更能取得卓越的成就。可以说我们所取得的一切成就，一切财富，都始于积极的心态。

世人都知道路在脚下，其实，路更在我们的心中。心中有路的人，才能看清人生的方向。方向，有时候比努力更重要。脚下有路，心中无路的人往往看不清方向，在人生的道路上往往不知所措；心中有路，脚下无路的人，由于不去践行，往往会落于空想。所以，智慧的人生往往都是心中有路，脚下亦同样有路。

情不附物，物岂碍人。

人的一生，不可能事事都风光、顺利的。谁都有春风得意的时候，谁也都有失意不得志的时候。我们不能为别人的言论所迷惑，也不能被自己的情绪所左右。凡事都要看淡一点，以平常心态做好我们自己。对人对事都要真诚相处，坦诚相待。

生活不是每天都阳光灿烂的，有阳光必定有风雨。我们对生活也许会有抱怨，疑惑，这些都是不可避免的。重要的是我们要以一颗平静的心去面对，用平常心去品味人生，感悟人生。积极的人，像太阳，照到哪里哪里亮；消极的人，像月亮，初一十五不一样。面对逆境人生或困境，一个积极的心态，远比任何事都来得重要。

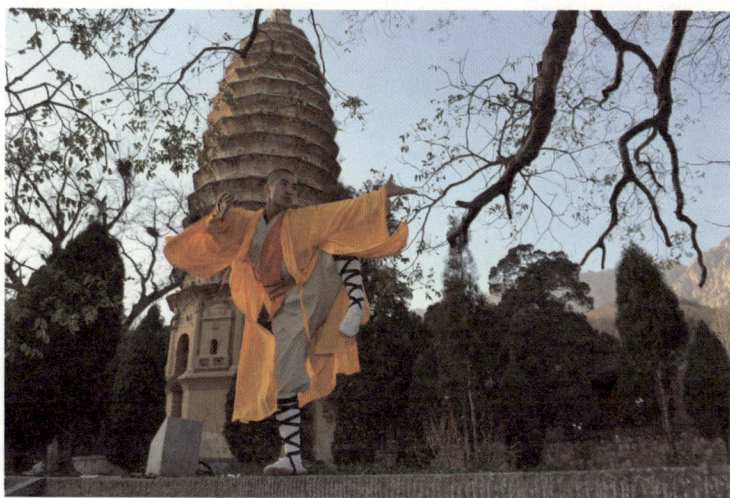

心生种种法生，
心灭种种法灭。

反思是一种智慧。反思是认识自己、改正错误、提高自己的有效途径，反思使人格不断趋于完善，让人走向成熟。孔子的学生曾参说，"吾日三省吾身"。"静坐常思己过"，以安静的心境自查反思，才能克服意气情感的干扰，发现自己的本来面目，捕捉到平时还自以为是的过失。

为人处世，最难的不是要随人随事变化，最难的恰恰是慎重。处理事情，最难的不是要敏捷迅速，最难的恰恰是不紧不慢恰到好处。修佛成道，最难的不是心有灵慧，最难的恰恰是心无旁骛。

心静，世界静；心乱，世界乱。一个人的定力如何，直接影响到他做事的成果和人生的走向。一个人如果不能保持内心的宁

境缘无好丑，好丑起于心。

静，就容易被情绪所役，在人生的道理上，稍不留意，就容易被外邪诱惑，误入歧途。只有心静了，生活才会安稳，人生也自然而然地安定了。

我们在一切境界里面不分别、不执着，不打妄想。生活、工作、饮食起居，随顺自然，就会过得非常自在、非常快乐，法喜充满。法喜是从清净心里面生的，不是外面五欲六尘的刺激。

古今凡成大事者，必有坚忍不拔之毅力。一个人只有耐得住性子，才可能成就大事。忍耐和坚持是痛苦的，但它能够给我们带来机会和成功。忍耐不仅能够锻炼我们的意志和毅力，更能让我们在清静沉寂中体会到生命的本质和幸福，能够承受住忍耐磨砺的人，日后必定会大有作为。

命由己造，相由心生。世间万物皆是化相，心不动，万物皆不动，心不变，万物皆不变。世界本是幻像，只是众人加入了自我的情感，故才呈现出千种变化，万种风情。我们要怀着一种释怀的心态，凡事顺其自然，得到了不必沾沾自喜，失去了不必耿耿于怀。如此处变不惊，如如不动，才能自在于心。

空是一种度量和胸怀，空是人生的最高境界。空的杯子可以装水，空的房子可以住人。没有空，则无所容纳。人生如茶，空杯以对，才有喝不完的好茶，才有装不完的喜乐。只有空杯才能装得下最多的东西，只有虚心的人才能学到最多知识。正所谓："一切众生皆自空寂，真心无始，本来自性清净。念佛

行住坐卧，纯一直心不动道场，
真成净土，名一行三昧。

人心清净，净心念佛净心听；心即佛兮佛即心，成佛无非心净定。"

佛曰：放下屠刀，立地成佛。虽然这不是每个人都能做到的，但每个人都能学会调整好自己的心态，用一个平静淡定的心去面对人生的生老病死，潮涨潮落。

虚荣就像人身的一个毒疮，它让我们疼痛难耐。物欲就像我们人生之路上的一个累赘，它让我们举步维艰。我们的人生要想走得轻松，就需要抛弃物欲，轻松上阵。人生要健健康康，那就割掉虚荣，轻盈前行。

心性虚空，动静之源莫二，真如绝虑，缘计之念非殊。

佛卷上讲，要降伏其心。其实就是教导我们要学会修心，也就是看我们在日常生活当中，在举心动念的时候，有没有定力。什么叫定力？就是降服你的贪淫之心。能降伏你这个心，你就什么都能降服，这就是所谓的定而后能静，静而后心安。

出 离

人人都要"出家"，人人都要觉悟起来，从一个小家庭中跳出来，不要被世间的名、利、财、色等一切假象所迷惑。一切顺其自然，应得到的就得到，不应得到的就不要强求。

真心是菩萨净土。

佛是觉悟者，大彻大悟的觉悟者。佛不但觉悟了人生的真谛，而且觉悟了宇宙的本来面目。佛教的正觉不单是理智的解悟，它如明月一般在万里无云的空中，遍照一切，使诸天世界充满光明，喜乐与清凉。因为佛既是自觉，又是觉他。自觉是自我解脱，觉他是普度众生。自觉即正法，法身常在；觉他即教法，正法久往。

人人都要"出家"，人人都要觉悟起来，从一个小家庭中跳出来，不要被世间的名、利、财、色等一切假象所迷惑。一切顺其自然，应得到的就得到，不应得到的就不要强求。

"天地之间，物各有主，苟非吾之所有，虽一毫而莫取。唯江上之清风，与山间之明月，耳得之而为声，目遇之而成色，取之无禁，用之不竭，是造物者之无尽藏也"吾与天下人共之。这是禅的第一境界。物我两望，行亦禅，坐亦禅，语默动静体安然，这是禅的第二境界。及至身心脱落，无说无闻真般若（大智慧），则是禅的最高境界。

人为万物之灵，要做万物的主人，做到万物备于我，万物为我服务，不要做物的奴隶。

解脱在心，不在外缘。能够束缚我们的，不是外在的人和物，而恰恰是我们的内心。所有的束缚，都来自我们自身的妄念。也就是分别、计度、执着，如果看破了这些妄念，知道它们来无所来，去无所去，当下即空，不再被它们所转，那我们当下就解脱了。一个人要是内心不解脱，那么无论他到哪儿，都不

慕道真士，自观自心，知佛在内，不向外寻。

会自在的。

念佛要在清净、平等、自在、随缘的基础上，要达到这种要求，先要看破，然后放下，放下以后才有清净。

看破就是看明白、看透彻。诸法的本性是无常的，都在刹那当中变，在刹那当中生灭，一刹那也不停留的。当我们明白了诸法的事实真相和真理后，看明白了，才会不动心。看破、放下是一种大智慧，放下就是不执着。不执着了，心才没有烦恼，没有烦恼就是清净。

在智者眼里，顺境、逆境都是很自然的。发生的一切都是很正常的，都是应该的。没有不正常的，没有不应该的。因为他们已经把宇宙人生的事实真相、真理都弄明白了，他们不执着于相，故任何时候都不受束缚，都能随缘自在。不管遇到什么总是稳稳当当的，心态非常平静。

情执是苦恼的原因，只有放下情执，我们才能得到自在和快乐。

执着，在佛法中指的是对外界事物的错误迷恋和贪取，实际上就是"妄执"。我们执着什么，就会被什么所累；我们执着什么就会被什么所伤；我们执着什么，什么就会成为我们的束缚。分清什么是正确的行为，什么错误的执着，这就是佛法带给我们的智慧。

于一切相，离一切相，即是无相。

佛法讲不执着，不分别，不是不去做，而是不去想做的目的。时时为了某种目的而生活而做事的，才是妄执，只有放下欲望的约束执着，做事只是做事，而且做事不为达到什么得到什么，知道什么是正确的什么是错误的，只做应该做的事，这才是简单而实际的觉者生活。该做的工作一定要做好，该尽的义务一定要尽责，不懈怠、不迷惑、不固执。

宁静是一种高贵的品质。让自己安静下来，是一门生活哲学。魂不宁便无所安，心不静便无所守。弓箭之所以能呼啸而出，是因为张弛之间形成的势能，没有弛，张便无从产生。一个静心修学的人，才会有所成就。当我们时刻保持一份超然的心境、守住一片温馨的宁静时，生命才会变得无比纯粹。

邪正烦恼，同一性空，
分别假相，妙心现影。

"动以养身，静以养性。"静能生慧，静能明道，宁静能够致远。宁静更是一种无形的力量。当我们拥有了然于胸的平静时，便拥有了高品位的人生。也只有拥有了平静，面对滚滚红尘，我们才能坚守心灵的净土，尽享人生的乐趣。

遇到一件事，如果我们喜欢，那么就享受它；如果不喜欢，我们就避开它。不执于苦，不执于乐，不悲过去，不贪未来，怀平和之心，恬淡的活在每一个当下。

做人不能太执着，一件事就算再美好，一旦没有结果，就不要再纠缠。因为生命是一场旅行，而非赛跑，旅行看重的是过程，而不是结果。有时，放弃是另一种坚持，你错失了夏花绚烂，必将会走进秋叶静美。任何事，任何人，都会成为过去，不要跟它过不去，得之我幸，不得我命，来去随缘，方可自在随心。

做人不能太执着，太执着既会苦了自己，也会苦了别人。太执着就不会变化，凡事固守自己的观点，缺乏和别人的融合。执着的人看别人的时候，总是缺点多于优点。所以，太执着的人，朋友总是不会多，也很少能够得到朋友的帮助。

禅宗讲放下，就是要我们顺其自然，得失随缘。因为世间万物，都是时间的产物，我们谁也留不住。凡事过了就过了，不必再去念念不忘，纠结于心。时间会慢慢抚平一切，那些我们曾经多么不舍的人和事，都会化作云烟。待我们再回首时，仿佛它们从来就不曾存在过一般。

三界之中，以心为主。
真观心者，究竟解脱。
不能观者，究竟沉沦。

海纳百川，有容乃大。壁立千仞，无欲则刚。面对外界的种种诱惑，我们要善于守住自己的内心。佛家讲降伏其心。就是说我们要时时修心养性，审视自己的内心，坚定自己的意志。只有立定志向，坚持到底，在人生的道路上，我们才不会被一切障碍所阻，顺利前行！

人生是一场修行。简洁而执著的人常有充实的生命，把生活复杂化的人常使生命落空。在人生行程中，我们要尽量做到宽宏大量，博大胸怀，宽容处世。这样我们的人生道路就会越走越宽，越走越轻松。

在修行的过程中，我们遇到的最大的敌人往往是"自我"。我们各有无始劫以来的烦恼恶习，应当善自观察何种习气偏重，

菩提本无树，明镜亦非台。
本来无一物，何处惹尘埃。

不住一切处心即是佛心。

逐一斩断，不可丝毫抱着苟且、马虎的心态。《华严经》云："菩萨如是受苦毒时，转更精勤。不舍不避，不惊不怖，不退不怯，无有厌疲。"修学佛道，遇到愈苦境界，应该学习菩萨不折不挠的精神，愈挫愈奋。

智者说，人生如一叶扁舟，少承载一些东西，就能穿梭自如划过大江大河。如果装满物欲和虚荣，不到桥头便阴沟翻船。人生之舟需要我们自己掌控，少一些物欲，多一些轻松。心宽，则扁舟能容天下，畅通无阻；心纯，则扁舟能载满情谊，行遍万水千山。

平常心是道。人生应当如行云流水一般，回归本真。当一个人的心博大，空灵无物，犹如倒空的杯子时，便能生活得恬淡而安静。反之，当一个人的心太狭隘，贪婪自私，便会烦恼不断。水往低处流，云在天上飘。人的心灵，若能如莲花与日月一样，超然平淡，无分别心、取舍心、爱憎心、得失心，如此，便能获得快乐与祥和。

佛说，苍生难度。难度的不是人，是心。看不破，一切皆为虚妄，因而轮回万世。其实只需看破，放下，自在。只有不拘于外物，方能超脱世外。

诸行无常，诸法无我。世间万事万物都不是属于我们，属于我们的只有寂静涅槃。不属于我们的，则不必执着，抛弃了执着，把心沉浸在涅槃之中。

发菩提心者，非为己利，原为尽十方遍法界，
一切极苦有情之所依怙。

佛卷上讲，观心无常。人心常在变化中，在索求中，凡求不得的，便生悲切。心的宁静，是平常心，来了就来，去了就去，就是自在之心。人生的境界，说到底，其实就是心灵的境界。如若心乱如麻，躁动不安，无论你走多远，你皆捕捉不到人生的本质，领略不到清静的风景。唯有心灵的安静，才能让你体会到人生的真正意义。人心本无染，心静自然清。

心若恨如剑雨，那么生活处处都痛苦如冰霜。心若爱如泉水，那么生活处处都是可爱如温泉。心若感恩如阳光，那么生活处处都是光明和温暖。心若淡然如茶水，那么生活处处都是淡淡清香。心决定了世界，心改变着世界。何必去寻找外界的净土，而把内心这块净土荒芜呢？何必执着于外界的安静，而忽视了内心的这份宁静释然呢？

金刚经讲，法尚应舍，何况非法。学祖师行动，是一条活路，学祖师话语，那是死路一条。因为在佛教中崇尚的是"一切随缘"，而世界"四大皆空"，既然什么都没有，那我们又去追求什么呢？所以一切都有其因果，不必强求。不执着也就了然了。

我们的心静下来了，自然会神清气爽；我们的心灵空下来了，自然神蕴意沉。以静制动，才能做事，做事才能做成事。心静则万事顺，心空则万物灵。心要静，心要灵，就要涵养静气，涵养静气就是涵养和谐。

感　恩

人要学会感恩和珍惜。我们活着一天，就是一天的福气，就该好好地珍惜。当我们哭泣自己没有鞋子穿的时候，要知道还有人没有脚。当我们吃得不好的时候，要知道还有人在饿肚子。

十方如来，同一道故，出离生死，皆以直故。

人要学会感恩，学会体悟人生。一个人一生中要经历那么多的事情，不可能事事都顺心。古人讲"生于忧患，死于安乐。"我们要学会想，会劝慰自己。在不如意的时候，要学会领略人生，享受人生，体味其中滋味。

热爱这片生养自己的土地，热爱自己生命之根本的神圣的祖国，并非只是众生之事，也是每一个佛教徒的神圣的职责和根本的修行。唯其如此，才能做到爱国爱教，恒转法轮，将佛门之甘露遍洒人间，造福于祖国，造福于世界，造福于人类，实现佛祖之大愿。

禅不是什么神奇玄妙的现象，也不是佛教的专有名词，而是自然天成的本来面目，是原原本本的自然心性。禅不是出家人的专利，也不是只有深山古刹里的老和尚才能参禅入定，因为禅是佛性，所以人人都可以参禅学禅。

人要学会感恩和珍惜。我们活着一天，就是一天的福气，就该好好地珍惜。当我们哭泣自己没有鞋子穿的时候，要知道还有人没有脚。当我们吃得不好的时候，要知道还有人在饿肚子。

真正的天堂地狱是在我们的心里。一个人要是心情愉快、满足、欢喜、安乐，时时刻刻都像是在天堂里一样；一个人的心里若是充满贪欲、嗔恨、嫉妒、无明、怨恨，那跟地狱就毫无差别。因为人的心情是时刻变化着的，故天堂地狱只在一念之间，一个人在一天当中，时而天堂，时而地狱，来来回回就是

离妄想颠倒，无真如佛性。
离贪嗔邪见，无菩提涅槃。

这个道理。

眼内有尘三界窄，心头无事一床宽。一个人的心胸，决定了他
做事情的成功与否。若是心胸狭窄，眼里容不得半点沙子，那
么即便全世界都给他，他依然觉得不满足，这样的人只能把路
越走越窄。心胸宽广的人，即便身居陋室，一瓢饮，一箪食，
他会依然很满足。因为心怀感恩，幸福常在，故这样的人不论
做什么事情，都不可能不成功。

人生在世，不如意十之八九。因此，千万不要跟自己过不去，
跟别人过不去。有的人总认为自己生活得不愉快，认为自己是
世上困难最多、境遇最糟的人，其实，这个大千世界上，遇到
和我们同样难题，甚至比我们更大困难的人又何止千万。不

但悟一心，更无少法可得。

过，不管再苦再难，所有的事情都会过去，记得别人的好，尽快忘记别人的坏。人生不过几十载，开心也过，忧心也过。有一颗平常心就足够了。

修行，先修己修心。自净其意，自去邪恶，把自己修行成为一个善人。善人才能把安静带给别人，才能把快乐给予别人，这就是菩萨的悲悯情怀。

我们前进的旅途，往往是崎岖而又充满希望，失望却又布满诱惑的。但主宰这一切的，并不是客观的外部环境，而是我们的心。只要我们充满信心，心怀感恩，以一种积极进取的精神和对生活的乐观态度来生活、处事，那么，一切的外在障碍，都将灰飞烟灭。

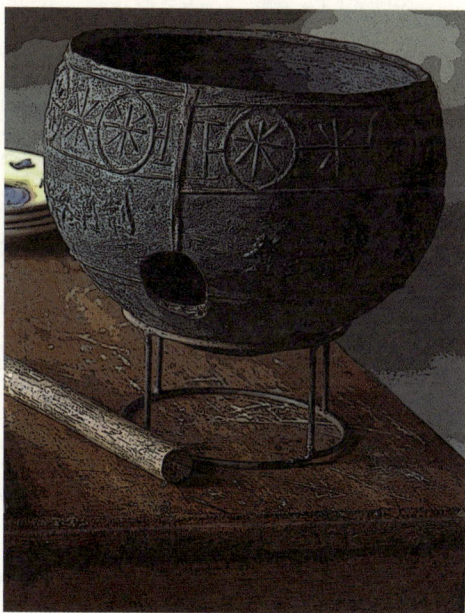

息念忘虑，佛自现前。

帮助别人，其实就在帮助我们自己。因为人与人之间，物与物之间，人与物之间，一切人、一切事物都是彼此相互关联的，用佛教的话说就是因果轮回。所以我们要时刻谨记：施舍，其实是利益自己；施暴，其实是伤害自己。

人生在世，我们要以宽容的心态去生活，那么我们的人生道路，才会越走越宽阔。所谓"径路窄处，留一步与人行；滋味浓时，减三分让人尝。"就是这个道理。

佛教讲修三因得三果。是指，修财布施得财富，修法布施得聪明智慧，修无畏布施得健康长寿。简单来说就是，财布施指用财富帮助需要帮助的人，你会得到更多财富的好报，法布施是指愿意向人传授方法技巧，你就能等到聪明智慧，无畏布施是指经常给他人提供安全帮助和保护，你就能够得到健康长寿福报。

现实生活中，只要我们愿意行善就是好的，会有好报的。行善的机会其实也很多，救残扶弱就是很好的机会。钱不在多，一元、两元也是善行；放生、帮困，也是善行；工作中给同事提供一些帮助也是善行；看到有人做好事，说几句赞叹的话，也是善行；吃素也是善行，等等。只要我们用心体会，慢慢就知道生活中处处都是道场，处处都可以行善。

我们每个人的经历，都会成为我们生命中最大的财富。我们经历的那些人、事、感受和思考，特别是那些对人生独特的体验和感悟，这一切都是属于我们自己的宝贵财富，不可能转给任

智者任物不任己，
愚人任己不任物。

何人。它伴随着我们成长，成熟。我们也是在这些经历和磨砺中，慢慢长大的。

禅宗讲"平常心是道。"这个平常心指的不是我们一般的识心作用。此心是未假任何造作，本然、如如（随缘平静）的心。也即是我们的本来面目，我们如实的本性。佛法不是在虚无飘渺的世界里，生活中处处是佛法。心中有佛法，我们的生活就会迥然不同，佛法提升我们生命的品质，也让我们的人生境界臻于自在圆融。

用平常心接受，用宽阔心包容，用不变心坚持，用喜悦心帮助，用放下心割舍，用美好心欣赏，用真诚心对待，用感恩心感激。

人生没有一劳永逸、完美无缺的事情。春花和秋月，我们不可能同时拥有；不是所有的好事都要我们遇到，也不是所有的坏事都要别人摊上。要保持平静的心态，学会放弃和选择，坦然面对生活恩赐的一切。

用放下心，坦然面对一切事。用平常心，接受所有事情。用宽阔心，包容所有人。用不变心，坚持追求真理。用喜悦心，帮助遇见的人。用美好心，挖掘身边的美。用真诚心，真爱每一个人。用愉悦心，共享你我快乐。用无私心，传承成功经验。用感恩心，感激一切。用清净心，给世界带来一片宁静。

古人讲，相逢一笑泯恩仇。其实讲的就是要对人宽容。宽容是一种大度、是高尚情操的表现。宽容之中蕴含着一份做人的谦

但学无心，顿息诸缘，莫生妄想分别，
无人无我，无贪尘、无憎爱、无胜负，
但除却如许多种妄想，性自本来清净，
即是修行菩提法佛等。

虚和真诚，蕴含着一种对他人的容纳与尊重。学会宽容，心灵上就会获得宁静和安详。学会宽容，就能心胸开阔的生活。很多时候，宽容会给人带来一种良好的人生感觉，使我们感到愉悦和温暖，生活中就会少些怨气和烦恼，就能感觉到生活中"快乐"的丰富，而不是缺少。

宽容是一种有益的生活态度，是一种君子之风。它是一种坚强，不是软弱，不是无原则地放纵，也不是忍气吞声，逆来顺受。学会宽容，我们就能发现事物的美好，感受到生活的美丽。我们每个人都应该重审自己，以宽容的心情把握生活，用宽容的心情回报社会。宽容的最高境界是对众生的怜悯。

念念无相，念念无为，即是学佛。

菩萨不与法缚，不求法缚。

诗人说，宽容是在荆棘丛中长出来的谷粒。在人生的道路上，我们要学会宽容。宽容不是为自己的懦弱找理由，宽容是一种高尚的品格，是一种坚定不移的信念。宽容是一场春雨，它净化着人的心灵；宽容是宽广的大海，它能让你的心胸更加开阔；宽容是一缕阳光，它能照亮我们的未来；学会宽容，我们的人生将更加精彩。

宽容是一种胸襟，一种睿智，一种乐观面对人生的勇气。宽容将为我们的生活带来美好希望和无限方便。宽容能够驱散生活中的痛苦和阴霾，宽容还能传播心灵的快乐和温暖。宽容是幽默的后花园，它会让我们的人生变得多姿多彩，时刻充满快乐和欢笑。

宽容是我们待人处事的良方。不要因为小小的争执，就远离你至亲的好友；也不要因为小小的怨恨，就忘记别人的大恩。勇于接受别人的批评，正好可以调整自己的缺点。

什么是佛缘呢？地藏王菩萨说："地狱不空，誓不成佛，众生度尽，方正菩提"。普度众生是佛心，是佛缘。佛教追求的是大爱，既要度己更要度人。心怀真善美，爱你遇见的每一个人，善待身边的每一个人，把你美的笑容、美的心带给他们，你我就是有缘人。当机缘与因果都成熟的时候，我们的佛缘自然也就来了。因为我们每一个人都是佛，懂得博爱，懂得感恩，这便是最大的佛缘。

舍与得的关系就是一种真正的大智慧，舍得舍得，就是真正看得透彻，看得明白的大智慧者所作出的选择。得之，我幸；失之，我命。放下，才是真正的超脱自在。

肯吃亏的人，绝对不是傻子。没有大爱大德，谁能自愿吃亏？没有三分心平，谁能吃得下亏？没有退一步海阔天空的大智，谁能巧妙地吃亏？吃亏是福，吃亏是德，吃亏更是一种智慧。

幸　福

佛家讲，放下就是幸福。你背负得太多，把一切都看得太完美、太高要求，这就像握在手中的沙，你抓得越紧，它就流得越快。学会放下，就是幸福。真的放下，就是自由。

不见一物名为见道，
不行一物名为行道。

有人常问，生活中我们每个人都在追求幸福，寻找幸福。那么幸福是什么？幸福到底在哪里呢？其实，幸福就是一种心的感觉。幸福就是我们心灵深处的那份宽容、善良和慈悲。

幸福不是由外在事物决定的，贫困者有其幸福，富有者有其幸福，位尊权贵者有其幸福，身份卑微者也自有其幸福。生命的幸福不在于人的环境、人的地位、人所能享受的物质，而在于人的心灵如何与生活对应。幸福与不幸，都是我们的心造成的。

日常生活中，我们要多结善缘，消除恶缘。我们给人欢喜，宽宏大度，什么事都能回光返照，忏悔自己的业障，我们与人的关系就会改善。一个人若是总看别人的缺点，那关系就会越来越僵。如果人多看自己的缺点，然后看别人的优点，尊重别人，那关系就会改善，恶缘也会消除，善缘不知不觉也就增加了。

布施的形式有多种，给与贫困者物质救助是一种，在别人困难的时候施以援手是一种；除此之外，默默地关怀与祝福别人也是一种无形的布施。

诗云："幸为福田衣下僧，乾坤赢得一闲人。有缘即住无缘去，一任清风送白云。"一个人若是心中没有闲事挂碍了，那么心胸自然会宽广起来，随时都能欣赏到美好风景。日子自然也会过得闲适自在起来。所以，洒脱智慧的人是不会整天为琐事牵挂的。

求趣无上菩提者，要净自心，福田方净。

随和能快乐，随缘会幸福。快乐是心的愉悦，幸福是心的满足。幸福可远可近，全在于心。心在当下，八方来福。心贪意懒，祸患连连。无计较心，随缘起止，随遇而安，有所追求却不得寸进尺，懂得前进也懂得适可而止。

我们幸福还是不幸，痛苦还是欢乐，往往都只在一念之差。有时候我们在乎得越少，我们就活得越自在。

幸福，从来就没有什么所谓的捷径，它需要我们用心去经营。幸福其实也很简单，不慌乱，不贪婪，不迷茫，不悲观，平静地呼吸，仔细地聆听，乐观地生活，真诚地待人处事。在人生的道路上，每走一步，便有一步的风景；每进一步，便有前进一步的欣喜。

知足是幸福的起点，因为知足就懂得了珍惜，珍惜万事万物会使心灵得到前所未有的满足。知足常乐不是要人安于现状，而是说要在欲望面前保持克制。财富、地位、权势，不是不可追求，而是一定要有度，该出手时就出手，该收手时就收手。知足是一种处世态度，常乐是一种释然的情怀。真正做到知足常乐，我们便会多一份从容，多一份达观，便会明白好就是了，了就是好。

经历过后才懂得，之前种种如此迷人；失去之后才明白，之前样样如此珍贵。痛过才懂保护自己；傻过才懂认识自己。这么多执着，换来的是两败俱伤；这么多坚持，得到的是人去楼空。所以，在感情漩涡里的人们，清醒吧。生活并不需要如此多的执着与无谓的坚持，轻轻地松一松手，成全的是两颗自由

本净明心非别处，惟在众生妄心中。

的心，成就的是自由飞翔的爱。

我们做人做事，都要学习水的品性，勇往直前，坚持不懈。水性至柔，却柔而有骨，信念执著追求不懈，令人肃然起敬。我们看到过崖头的滴水，日复一日，年复一年，它们咬定目标，不骄不躁，千万次地"滴答"、"滴答"，硬是在顽石身上凿出一个窟窿来，真可谓以"天下之至柔，驰骋天下之至坚"。

如果有人来问我，幸福的秘诀是什么，我会告诉他，不抱怨过去，不迷茫未来，只安心地活在当下。这便是幸福的秘诀。快乐永远属于知足者，幸福永远属于感恩人。

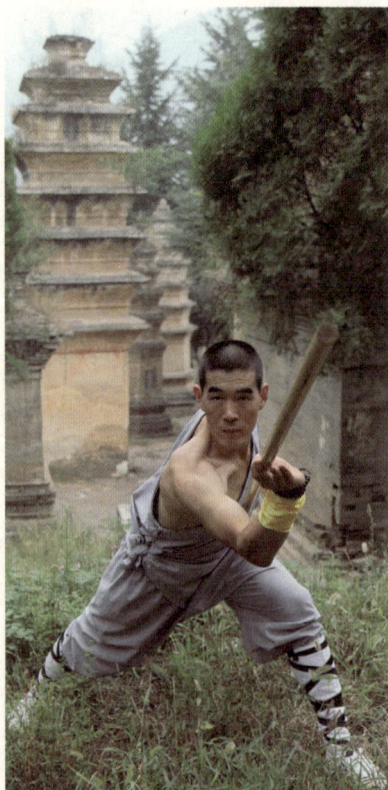

佛是众生界了事汉，
众生是佛界不了事汉。

"上善若水，厚德载物"是中华美德的一种概括——仁爱、善良、忠诚和责任。最好的处世方法，就应当象水一样。水给万物带来好处，却从不争名夺利，对于我们来说，就是要帮助别人而不要求回报。学水之善，上善若水。

俗话说，种瓜得瓜，种豆得豆。只有播种善良的种子，我们才能收获美好的希望。善良会让我们的人生鲜亮饱满。在生活中，我们要多一些谦让，多一些宽容和理解，将善意的种子广泛播种，那么我们将会在生活中感受到美好和幸福无处不在。

一个人幸福与否，其实与他的心相关。一直善良的人，虽然幸福还离他很远，但是幸福总在靠近他，他也在幸福之路前进，因为是相对而行的，相遇也是必然的。一直作恶的人，即使幸福就在他身边，但是他是在伤害幸福，离幸福而去，幸福也甩他而走，相背而行，距离是必然的。所以说，一个人幸福与否，一切在于他是和幸福相对而行还是相背而行。

每个人都有自己的生活，永远不要去羡慕别人，即使那个人看起来快乐而富足；更不要去评价别人是否幸福，即使那个人看起来孤独无助。幸福如人饮水，冷暖自知。每个人的幸福与痛苦都各不一样。你不是我，怎知我的苦与乐。

俗话说平凡是福。生活的真谛在于理解，生活的诀窍在于理智，刻意追求卓越的生活，就会陷入庸人自扰式的苦海。一个人越想过特别的生活，越会失掉原来幸福的生活。

一个人的欲望越多，就越不容易快乐。贪婪的欲望是幸福的天敌，我们要想真正获得幸福，就要减少欲望，增加满足；学会淡定，学会知足。懂得舍得，甘于淡泊的人，往往才会过的更幸福。

心是我们一切快乐和痛苦的源泉。人生的大多数痛苦，都源自想不开，看不透。乐观豁达，心无阻碍，幸福自然就会来，心有多宽，幸福就有多长；与其埋怨世界，不如改变自己；管好自己的心，做好自己的事，比什么都强。

做人要安于平凡，珍惜当下。平凡不是平庸，而是一种知足常乐的人生态度。只有安于平凡的人，才懂得做好当下的事；懂得珍惜当下的人，总能与人和谐相处，故而能够幸福长久相

我以妙明，不灭不生，合如来藏。

伴。要想长久拥有，就要发自内心地珍惜，而不是用尽一些手段地去占有。

粗茶淡饭也可养身体；随遇而安便可睡个好觉。得到，要保持平常心；失去，要维系平常心。人生无常，平常心待之，人生才会少一些颠簸，多一些平稳。

做一个简单踏实的人，有想象，但不沉溺幻想；做一个简约自信的人，有挫折，但不庸人自扰。困难来，微微一笑，困难其实就已经解决了一半，再以智慧沉着冷静地解决，困难就成了人生漂亮的装饰。为已发生的和未发生的事而忧虑重重，于事无补还徒增烦恼。

学道须是铁汉，着手心头便判，直取无上菩提，一切是非莫管。

苦难是我们最好的老师。苦难是我们人生必须经历的事情，是人生的一个阶段。一个人只有经历过苦难，才能真正成长起来。吃过苦的人，才能懂得人生的真谛；吃过苦的人，才能懂得关心他人；吃过苦的人，才能懂得珍惜所拥有的一切；吃过的苦的人，才会变的成熟稳重，学会脚踏实地。

佛教不讲悲观，佛教从不让我们唉声叹气；佛教也不讲乐观，佛教从不让我们嬉皮笑脸。佛教教我们的是"中观"。什么叫中观？就是不悲不喜，不自欺，不逃避，该面对的坦然面对，该放下的坦率放下，该接收的欣然接收。

生活有好有坏，但是没有绝对的是非，是与非只会让人劳心费神。心要清净，路途要前行，幸福才是终点，才是人生唯一的答案。因而，得到了不要窃喜，失去也不必悲伤，这只不过是人生的一种状态，你的灵魂安静才是真正的坦然。

古人说的好，做为万物之灵的人们，应该大其心，容天下之物；应该虚其心，爱天下之善；应该定其心，应天下之变；应该舒其心，迎事事之乐；应该淡其心，享平淡之福。

佛家讲，放下就是幸福。你背负得太多，把一切都看得太完美、太高要求，这就像握在手中的沙，你抓得越紧，它就流得越快。学会放下，就是幸福。真的放下，就是自由。

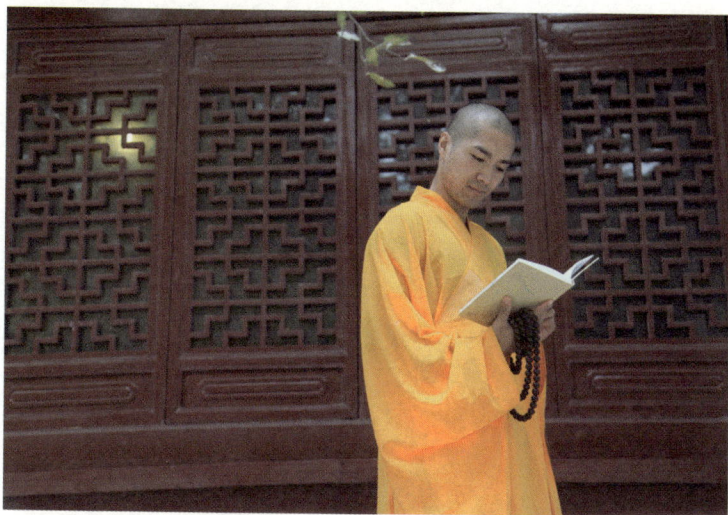

但于事上通无事，见色闻声不用聋。

快　乐

真正的快乐是苦难量变过后的质变，是从苦难中挖掘发现出来的，是伴随着苦而延伸过来的。苦中有乐，乐里有苦，乐极生苦，苦到头来就是乐。苦由心生，乐亦由心生，心就是你感到苦乐的源头。

孤云将野鹤，岂向人间住？
莫买沃洲山，时人已知处！

我们自己的心既是快乐之因，也是痛苦之本。生活中，我们不管是想得到快乐还是幸福，都需要在自己的内心下功夫。我们之所以痛苦，就在于我们追求的不是幸福，而是比别人幸福。因为我们有了攀比心，计较心，太在乎别人的看法与想法了，所以总是活在别人的目光下，在患得患失中烦恼痛苦不已。

快乐和痛苦，都源自我们自己的内心，而并非外在的一切。保持一份平常心，自然心，我们就能获得最大的快乐。当我们不执着于快乐，也不去追求快乐的时候，快乐自然而然就来了。遇到困难和痛苦的时候，我们不去逃避，坦然面对，痛苦自然而然也就迎刃而解了。万事随缘，这就是禅的心态。

有些人为什么开心不起来？就是因为他们的心事太多，心被很多事物和执著压迫着。就连吃饭睡觉的时候，都在想着怎样才能吃好，怎样才能睡好。如此这般计较，怎么能够轻松、快乐起来呢。如果我们的心没有任何负担，就能体会到放松的自在。

凡夫的妄想总是不绝如缕，就像流水般一念接着一念。如果妄想太多，心就会变得复杂，烦恼也随之增多。如果能够坐禅念号，心就会越来越单纯，心理负担就会越来越少。

智者说，快乐不是因为我们拥有的多，而是因为我们渴求的少。只有知足的人，才会坦然接受平淡的生活，从容面对人生的一切，因为知足，因为随遇而安，所以他们收获的，往往是更加美好，更加快乐的人生。

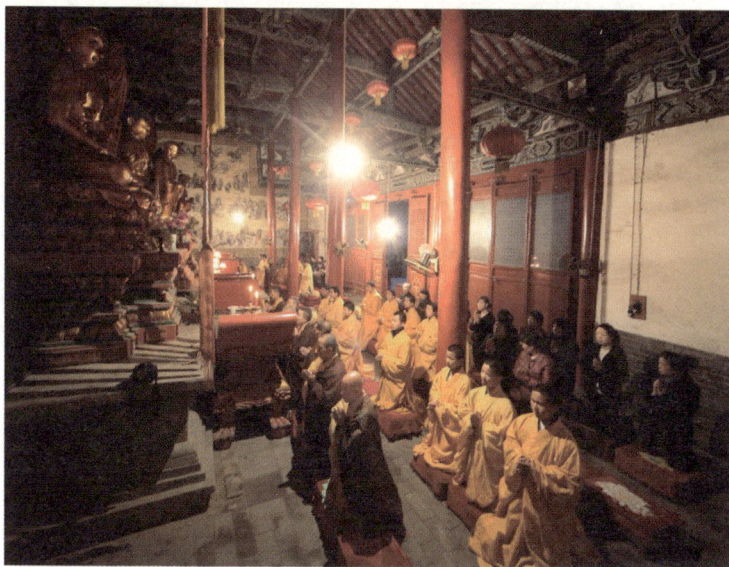

菩提本自性，性净是菩提，
亦非可修相，更无可作相。

我们活得累，不是因为情感的纠缠，就是因为利益的计较。要想活得开心释然，潇洒超越，就要凡事想得开，看得淡。禅者之所以为禅者，就在于他心如大海，深邃宽广；心似秋月，皎洁柔情，如明镜一般明亮清纯，不管风吹雨打，都处之泰然。

保持良好的心态，遇事不急不躁。面对明天与将来，当我们既不去过多地期盼与强求美满，也不去担忧与害怕，而仅仅只是努力去追求与行动时，那么，我们的心情就一定会变得轻松、平和起来。

懂得宽容的人才快乐。心宽一寸，路宽一丈。我们宽容别人，其实也是在给自己的心灵让路。人生在世，不过短短几十载，百年之后谁都将归去。因此我们没有必要跟别人，跟生活计较，功名利禄，荣辱得失，都不过一场过眼烟云。如果我们看淡了，心放宽了，也就解脱了。

很多人不快乐，为什么呢？因为心太累了。一个人的欲望太强，凡事求全责备，贪得无厌。怎么可能不累呢。要想活得轻松自在，就要心平气和，凡事不钻牛角尖，常将心比心，内在安详，大爱无我，自然而然地就快乐了。

快乐不是别人赋予的，所以我们不可能从别人的眼光里找快乐；尊严不是说在嘴上的，所以我们不能从口头上去寻找尊严。随时随处保持一份觉照和清醒，真心爱自己，做自己的主人，不迷失在外在的追逐中，人生才能拥有自己的快乐和尊严。

处处逢归路，头头达故乡。
本来成现事，何必待思量。

我们常说真正的泪水，不是眼睛里流出来的，而是心里流出来的，眼睛只不过是一个出口。真正的快乐，不是嘴角边溢出来的，而是心里溢出来的。真正的善行，也不是嘴巴说出来的，而是从我们的内心散发出来的。心怀善念，努力躬行，便是行菩萨道。

计较和怨恨是我们最大的敌人。我们计较什么，什么就会来和我们作对；我们怨恨什么，什么就与我们挥之不去。故聪明的人，不会去计较和抱怨，而是善于用宽容去化解生活中的纷争和烦恼。他们掌握着自己灵魂的钥匙，所以，他们的快乐也是无处不在的。

有人问佛，怎么样才能让自己愉快，并给众生带去快乐呢？其实很简单：首先，做到佛教的"诸法无我"，把自己当成别人，你的愉快就是别人的快乐；其次，做到大慈大悲，把别人当作自己，别人的快乐也就是自己的快乐。

俗话说，贪多必累，黑多必暗，冷多必寒，苦多必痛。光明，只要你转身看看它，它就抚摸你；美好，只要你感受它，它就拥抱你；生命，只要你怜爱它，它就感恩你。

没有阳光的地方一定黑暗，黑暗的空间有了阳光进入，黑暗自然就会逃走。人心充满阳光，就没有黑暗。微笑着面对生活的每一天，这才是我们应该持有的人生态度。

碧涧泉水清，寒山月华白。
默知神自明，观空境逾寂。

我们要怀有一颗平常心，淡然看待人间事。与人相处，真诚一点；被人误解，宽容一点。有些事情，拿不起，就选择放下；有些东西，要不得，就把它放弃；有些理念，想不通，就不去理会；有些过客，留不住，就让他离开。适当给心一个空间，让心得以喘息，让阳光给以沐浴。我们就会活得很轻松，很自在。

常言道，一份耕耘，一份收获。有事做就是快乐。当一个人心无旁骛，专心于事业追求的时候，就会忘掉烦恼，找到努力工作的快乐。

古人云，吃亏是福。因为无论什么事情，都没有无缘无故地得到，也没有无缘无故地失去。有时，我们是用物质上的吃亏换

山前一片闲田地，叉手叮咛问祖翁；
几度卖来还自买，为怜松竹引清风。

取精神上的超额快乐，用眼前的忍耐换取长远的收益；也有时，看似占了金钱便宜，却同时在不知不觉中透支了精神的快乐。吃亏不但是一种胸怀、一种品质、一种风度，更是一种坦然，一种达观，一种超越，一种修炼，甚至是一种执着，一种信心，一种成熟人性的自我完善。

人生就是一场修行，修的就是一颗心。而我们人生真正的快乐，也即是心的宁静、喜乐、清明和慈悲。这种体验不需要依靠外在的条件，主要跟我们的心态有关。只要达到这个境界，则不管疼痛也好，舒服也罢，自己都可以过得很快乐。

一个人的胸襟有多宽广，那么他的命运格局就有多高大；一个人的胸怀能容多少，那么他的命运拥有就会有多少。在人生的道路上，我们要学会摒弃贪婪。贪心的人没有开阔的胸襟，没有宽广的胸怀，他不能看得开、想得透、拿得起、放得下，就像食多不化，伤的最终是自己。

一个人快不快乐，都在于自己的心。因为快乐并没有脚，不会离我们而去，远离它的其实是我们自己。生活的本意就是快乐，由于心复杂了，生活也就跟着复杂了，牵扯不断，快乐和幸福被我们忽略了。由于计较多了，感悟快乐的心境就少了，斤斤计较，快乐和幸福也被我们算计光了。由于贪求多了，装快乐和幸福的空间就少了，贪得无厌，快乐和幸福就被挤出心里了。

吾心似秋月，碧潭清皎洁。列物堪比伦，教我如何说。

人生之路，不可能一帆风顺，痛苦和失败在所难免。关键是我们怎样去面对。只有微笑着面对生活，生活才会更有滋味，人生才会更加丰富多彩。生命是美丽的，生活是美好的，只有我们笑对生活，才能谱写人生华丽的乐章，才能深刻领悟到人生的真谛。

当处于高处时，你把自己的心放在低处，这才算真的处于高处；当处于低处时，你把自己的心也放在低处，你就真的在低处了。把自己看得太强，你就会忽视外因，忽视底层；把自己看得太轻，你就会忽视内因，忽视底气。

人生在世，要学会谦虚谨慎，且不可傲慢无礼。傲慢的人常常让我们只能看见别人的缺点，甚至两只眼就像放大镜一样，把别人的毛病无限地放大。傲慢常常让我们看不到别人的优点，两只眼就像墨镜一样，把别人的色彩过滤掉，只看到一片黑色。只看到别人的缺点，就会抱怨他人素质低；看不到别人的优点，就会自以为是。傲慢，表面上看低的是别人，实际贬低的是自己。

生活里有着许许多多美好的事物、许许多多的快乐，关键在于我们能不能发现。在黄昏的路上散步，与其只看到太阳正在坠落，不如换一个角度，看群星正在升起。从积极的一面看待问题，你就能从中看到希望所在。

生活需要妥协、忍让、迁就。针锋相对并不意味着铿锵有力。强硬有强硬的好处，忍让有忍让的优势。生活有阳光明媚，就

南去北来休便休，白草吹尽楚江秋。
道人不是悲秋客，一任晚山相对悉。

需要暖心享受；生活有倾盆大雨，就需要静心等待。妥协不是软弱，忍让不是无能，迁就不是放任，它们是生活的润滑剂。

诗人说，我们要像阳光一样照耀大地。因为既然我们来到了这个世界，那么为什么不给这个世界多带来一点欢乐，多带来一些正能量，多带来一片光明呢？既然我们来到了这个世界，为什么就不能像海绵那样，多吸取一些愁苦，多吸收一些悲痛，多吸走一些不快，把人世间的"愁雨""痛风"带走一些，这个世界不就更阳光明媚了吗？

微笑是一剂生活的良药，它能化烦恼为快乐，化孤单为温暖，化寂寞为欢颜。微笑是心灵的一股清泉，滋润心田，使人精神振奋；微笑是黑夜里的灯盏，点燃我们心中的希望。任何时候都要学会笑对生活，让生活照亮自己的人生。

真正的快乐是苦难量变过后的质变，是从苦难中挖掘发现出来的，是伴随着苦而延伸过来的。苦中有乐，乐中有苦，乐极生苦，苦到头来就是乐。苦由心生，乐亦由心生，心就是你感到苦乐的源头。